Montignac
Familien-Rezepte

ARTULEN VERLAG GMBH
Luisenstraße 4
77654 Offenburg
DEUTSCHLAND

Telefon: 0781 9481883
Fax: 0781 9481782
E-Mail: post@artulen-verlag.de
Internet: www.montignac.de

Erste deutsche Auflage 2006

© 2006 Artulen Verlag GmbH, Offenburg
© Alle Rechte vorbehalten. Nachdruck, auch auszugsweise,
sowie Verbreitung durch Bild, Funk, Fernsehen und Internet,
durch fotomechanische Wiedergabe, Tonträger und Daten-
verarbeitungssysteme jeder Art nur mit schriftlicher
Genehmigung des Verlags.

® »Montignac« und *ℳ*
sind eingetragene Warenzeichen

Coverfotos: goodshoot.com, Ehret/Strzeletz
Ydo Sol
Fotos: Siehe Bildnachweis Seite 190

Redaktion: Angela Strzeletz

Lektorat: Angela Strzeletz, Monika Kiefer

Druck: Westermann Druck, Zwickau
Gedruckt auf umweltfreundlichem Papier

ISBN 3-930989-19-0

Montignac
Familien-Rezepte
preiswert & schnell

nach dem GLYX

Inhaltsverzeichnis

6 **Vorwort**

7 **Einführung**

FRÜHSTÜCK

Frühstück

15 Power-Müsli V
16 Apfel-Zimt-Grütze V
17 Joghurt-Vollwertbrot V
19 Vollkornbrötchen V
20 Vegetarischer Brotaufstrich V
21 Kräuter-Quarkcreme V
22 Erdbeer-Fruchtaufstrich V
24 Erdbeer-Milchshake V
25 Joghurt mit Himbeersauce V

HAUPTGERICHTE

Dips & Saucen

30 Bunter Frischkäse-Dip V
33 Frischer Karotten-Dip V
35 Basilikum-Pesto V
37 Tomaten-Cocktailsauce V
39 Feine Champignonsauce V
41 Fruchtige Paprikasauce V
42 Italienische Tomatensauce V

Salate

45 Bauernsalat V
46 Bunter Salat mit Ei V
47 Hülsenfrüchte-Salat V
49 Chinakohlsalat mit Walnüssen V
51 Feldsalat mit Sonnenblumenkernen V
53 Tomatensalat italienisch V
54 Thunfisch-Champignon-Salat
57 Weißkohlsalat mit Schinkenwürfel

Suppen

59 Eierblumen-Suppe V
61 Deftige Erbsensuppe
63 Frühlingssuppe V
64 Gemüse-Cremesuppe V
65 Kohlrabi-Cremesuppe V
67 Tomaten-Linsen-Suppe V
69 Tomaten-Cremesuppe V

Eierspeisen

71 Kräuter-Omelette mit Speck
73 Gemüsetorte V
75 Paprika-Eier-Pfanne
76 Schnelle Spinat-Quiche * V
78 Erbsen-Omelette überbacken V
79 Zucchini-Tomaten-Gratin V

Fisch

81 Lachsfilet mit frischer Petersiliensauce
83 Forelle mit Gemüsefüllung
85 Kabeljaufilet in Senfsauce
86 Fischfrikadellen
87 Knusper-Seelachs
89 Lachsstreifen mit
   Champignon-Sahnesauce
90 Lauchfisch
91 Rotbarsch auf Gemüsebett

Fleisch

93 Bunte Würstchen-Spieße
95 Fleisch-Gemüse-Pfanne
97 Gefüllte Paprika
99 Hackterrine mit Spinatfüllung
101 Hamburger *
102 Hackfleischpfanne mit grünen Bohnen
103 Pikanter Hackbraten *
105 Schnitzel auf Champignons
107 Schweinemedaillons in Käse-Kruste

Geflügel

109 Hähnchen-Kichererbsen-Topf
111 Geflügel-Spieße orientalisch
112 Hühnerbrustfilet auf Spinat
113 Hühnerbrustfilet in Tomatensauce
115 Hühnerbrust-Roulade
    mit Gemüsefüllung
117 Herzhaftes Putengulasch
119 Puten-Geschnetzeltes mit grünen Erbsen
121 Puten-Roulade »Cordon bleu«

Gemüsegerichte

123 Blumenkohl-Brokkoli-Auflauf V
125 Fenchel gefüllt V
127 Gemüse-Spieße V
129 Kohlgemüse-Pfanne V
130 Kohlrabi-Auflauf V
131 Lauchgratin
133 Ratatouille V
134 Knackiger Rosenkohl V
135 Zucchini in Sahnesauce V

Vollwertgerichte

137 Bulgur mit Gemüse V
139 Bunter Nudelsalat V
141 Crêpes mit Champignonfüllung * V
142 Chinakohl mit Knusperkruste * V
143 Gemüse-Spieße mit Haferbällchen * V
145 Gefüllte Champignons * V
146 Gemüse-Bratlinge * V
149 Gemüse-Lasagne * V
151 Hirse-Gemüse-Salat * V
153 Montignac-Pizza V
155 Pilz-Risotto V
156 Reis-Linsen-Frikadellen V
157 Wraps mit Gemüsefüllung * V
159 Tofu-Geschnetzeltes V
161 Vollkornspaghetti mit Zucchini V

DESSERTS

Desserts

165 Erdbeer-Joghurt-Creme *
167 Fruchtkompott V
168 Fruchtbombe
169 Knusperäpfel V
171 Himbeer-Sahne-Eis * V
173 Joghurt-Schokoladen-Eis * V
174 Pfirsich-Quarkcreme *
177 Vanille-Pudding à la Montignac * V

Gebäck

179 Energieriegel * V
180 Apfel-Aprikosen-Muffins * V
181 Apfelkuchen * V
183 Erdbeer-Käse-Sahnetorte * V
184 Fruchtige Erdbeertorte * V
185 Schokoladenkuchen * V
187 Vollkorn-Gugelhupf * V

Rezepte, die mit einem V gekennzeichnet sind, eignen sich hervorragend zur vegetarischen Ernährung.

Die Rezepte sind sowohl zur Gewichtsabnahme (Phase I) als auch zum Halten des Gewichts (Phase II) geeignet.

Bei Übergewicht sind mit einem * gekennzeichnete Rezepte erst in Phase II vorgesehen.

In den Rezepten entspricht
1 Teelöffel 5 ml und 1 Esslöffel 15 ml.

VORWORT

Im Hinblick auf die weltweite extreme Zunahme von Übergewicht und Diabetes Typ II vor allem bei Kindern, ist es Zeit, die Ernährung zu verbessern.

Meiner Überzeugung nach sind die seit einem halben Jahrhundert offiziell anerkannten Ernährungsempfehlungen schuld daran, dass die Bevölkerung immer dicker wird.

Es ist jedoch durchaus möglich, genussvoll zu essen und dabei Übergewicht, Diabetes Typ II sowie den meisten Herz-Kreislauf-Erkrankungen vorzubeugen. Fortschrittliche wissenschaftliche Erkenntnisse der Stoffwechselforschung, die seit Jahren von mir propagiert werden, haben schon unzähligen Menschen geholfen, abzunehmen und ihren Gesundheitszustand grundlegend zu verbessern.

Meine Ernährungsprinzipien zur Gewichtsnormalisierung sind sicher die beste Alternative zu den überholten Ernährungsempfehlungen der letzten Jahrzehnte.

Entdecken auch Sie diese zeitgemäße Ernährungsmethode mit preiswerten und schnellen Rezepten, die die ganze Familie begeistern. Sie sind nicht nur gesundheitsfördernd, sondern auch gut für die schlanke Linie.

EINFÜHRUNG

Die Ernährung ist von entscheidender Bedeutung für die Gesundheit.

Seit 1997 warnt die Weltgesundheitsorganisation (WHO) vor einer weltweiten Ausbreitung von Stoffwechselstörungen wie Fettleibigkeit und Diabetes Typ II und bezeichnet die extreme Zunahme dieser Krankheiten als wahre Epidemie.
Der Grund dafür ist die schlechte Ernährung, vor allem der Verzehr zu vieler stark blutzuckersteigernder Kohlenhydrate.

Ein Großteil unserer heutigen Mahlzeiten besteht aus so genannten »schlechten« Kohlenhydraten, die den Blutzuckerspiegel stark erhöhen und letztendlich zu Übergewicht führen. Dazu zählen **Zucker** in Gebäck, Müsli, Getränken … und **modifizierte Stärken** in Fertigsaucen, Mayonnaisen, Süßspeisen, Konserven, Dosen- und Tütensuppen…, aber auch alle Siruparten wie Weizen-, Malz-, Maissirup usw., Dextrine und Maltodextrine; **Weißmehlprodukte** wie Brot, Kuchen, Gebäck, Teigwaren…, **aufgepuffte und gezuckerte Cerealien**, **Kartoffelprodukte**, vor allem Pommes frites, Bratkartoffeln, Fertigpüree, Aufläufe, Chips…, **weißer Reis** westlicher Herkunft wie Langkornreis und Milchreis, dessen glykämischer Index höher ist als der ursprünglicher indischer und asiatischer Reissorten. Der Grund dafür ist die veränderte Stärkestruktur durch Züchtung auf hohen Ertrag.

Bereits 1981 wurde bekannt, dass Kohlenhydrate in Nahrungsmitteln statt nach Kalorien, besser entsprechend ihrer blutzuckersteigernden Wirkung bewertet werden sollten. Der Messwert dafür ist der glykämische Index.
Je höher der Blutzuckerspiegel nach der Nahrungsaufnahme steigt, desto mehr Insulin wird von der Bauchspeicheldrüse ausgeschüttet, um den Blutzuckergehalt wieder auf den Normalwert von 1 g pro Liter Blut zu senken. Ist die Insulinausschüttung sehr hoch, besteht die Wahrscheinlichkeit einer Gewichtszunahme, vor allem wenn zusätzlich gesättigte Fette im Blut sind.

Groß angelegte Studien über epidemisch auftretende Krankheiten belegen: kohlenhydrathaltige Nahrungsmittel mit niedrigem glykämischem Index (GI/GLYX), führen zur Normalisierung des Körpergewichts und des Cholesterinspiegels und beugen Diabetes Typ II sowie Herz-Kreislauf-Erkrankungen vor.

Die Ernährung nach Montignac ist das Ergebnis zahlreicher wissenschaftlicher Studien sowie persönlicher Erkenntnisse des Autors und Forschungen in Zusammenarbeit mit namhaften Ärzten und Wissenschaftlern seit Beginn der 80er Jahre. Sie stützt sich auf Erfahrungsberichte von über

Einführung 7

zehntausend Menschen, darunter Allgemein- und Fachärzte und ist Teil einer internationalen Forschungsrichtung.

Diese Ernährungsmethode ist keine Diät im herkömmlichen Sinn, sondern vielmehr eine ausgewogene gesundheitsfördernde Ernährungsweise. Sie basiert auf der Auswahl von Nahrungsmitteln unter Berücksichtigung der nährenden und Blutzucker beeinflussenden Eigenschaften, um Gewichtszunahme, Diabetes Typ II und Herz-Kreislauf-Erkrankungen vorzubeugen.

Die Vielfalt der nährenden Eigenschaften von kohlenhydrathaltigen Nahrungsmitteln wird bei der Ernährung nach Montignac beachtet. Kohlenhydrate bestehen meist aus verschiedenen Stärken, die sich durch ihre molekulare Struktur unterscheiden. Verdaulichkeit und blutzuckersteigernde Wirkung von Stärke wird durch Befeuchtung, Kälte oder Wärme sowie durch industrielle oder küchentechnische Bearbeitung beeinflusst. Zusätzlich können kohlenhydrathaltige Nahrungsmittel Eiweiß, Fett und Ballaststoffe enthalten.

Ballaststoffe spielen eine wichtige Rolle bei der Verdauung, beim Kohlenhydrat- und Fettstoffwechsel sowie bei der Vorbeugung zahlreicher Krankheiten. Sie sind unverdauliche pflanzliche Nahrungsbestandteile. Es gibt wasserlösliche und wasserunlösliche Ballaststoffe. Vor allem die wasserlöslichen wie Pektin, Guar-, Johannisbrotkernmehl, Alginate der Algen wie Agar-Agar und Karrageen sowie einige Hemizellulosen – enthalten in Hafer und Gerste – bewirken, dass der Blutzucker weniger stark ansteigt.

Frisches Gemüse, Obst, Hülsenfrüchte und Vollkorngetreide liefern ausreichend Ballaststoffe. Die empfohlene tägliche Zufuhr von Ballaststoffen liegt bei 30 – 40 g. Mehr als die Hälfte davon sollte über Getreide, z. B. in Form von Getreidevollkornflocken, Vollkornbrot, Naturreis oder Vollkornteigwaren zugeführt werden.

Damit die Ballaststoffe ausreichend Wasser binden und ihre Wirkung voll entfalten können, ist es empfehlenswert täglich mindestens 1,5 – 2 Liter Wasser zu trinken.

»Gute« **Kohlenhydrate** mit einem niedrigen glykämischen Index bis 50 bzw. sehr niedrigem bis 35 werden bevorzugt, da sie den Blutzuckerspiegel nur mäßig erhöhen. **Fette** werden im Hinblick auf ihre Fettsäuren ausgewählt. Mehrfach ungesättigte Omega-3-Fettsäuren in Fisch sowie einfach ungesättigte Fettsäuren in Olivenöl werden bevorzugt. Gesättigte Fettsäuren in Fleisch, Wurst und Butter werden weitgehend gemieden. **Eiweiß** kann tierischen und pflanzlichen Ursprungs sein. Beide ergänzen sich, wobei tierisches vom Organismus besser aufgenommen wird.

Die Montignac-Methode besteht aus zwei Phasen.

In **Phase I** wird das Gewicht normalisiert. Sie dauert je nach Person und Übergewicht drei bis sechs Monate, bei starkem Übergewicht auch länger. Durch die Auswahl von Kohlenhydraten, die den Blutzuckerspiegel nur gering erhöhen und guter Fette wird die Bauchspeicheldrüse nur wenig beansprucht.

Es werden keine Kalorien gezählt. Man kann sich satt essen und dabei sogar abnehmen. Die Mahlzeiten sind abwechslungsreich und ausgewogen, so dass ausreichend Vitamine, Mineralien und Ballaststoffe zugeführt werden.

Bei der Auswahl der Kohlenhydrate in Phase I wird die »glykämische Last« mit einbezogen. Sie gibt den tatsächlichen Blutzuckeranstieg nach der Mahlzeit genauer an, denn neben dem glykämischen Index wird der Kohlenhydratanteil der einzelnen Nahrungsmittel berücksichtigt. (Nähere Informationen finden Sie in dem Buch: Die neue Trendkost/Artulen Verlag). Enthält die Mahlzeit Fett und Eiweiß, sollten die Kohlenhydrate höchstens einen glykämischen Index (GI/GLYX) von 35 aufweisen. Zu Kohlenhydraten mit einem GI von 35 bis 50 empfehlen sich nur hochwertige pflanzliche Öle wie Olivenöl und tierische mehrfach ungesättigte Omega-3-Fettsäuren, die in Fisch vorkommen. Die Wahl der Eiweißquelle steht frei.

Phase II dient der Gewichtsstabilisierung. Kohlenhydrate werden weiterhin unter Berücksichtigung des glykämischen Indexes ausgewählt. Die Kombinationsmöglichkeit der Nahrungsmittel mit Eiweiß und Fett ist jedoch nahezu unbegrenzt.

Zur Gewichtsabnahme werden zum Frühstück bevorzugt gute Kohlenhydrate wie naturbelassene Getreidevollkornflocken empfohlen. Sie können kalt mit Obst, Sojamilch, Magermilch, Magerjoghurt oder Magerquark verzehrt und bei Bedarf mit etwas zuckerfreiem Fruchtaufstrich oder Kompott ohne Zucker gesüßt werden.

Außerdem empfiehlt sich 100%iges Vollkornbrot. Es kann mit Magerquark, fettarmem Frischkäse oder fettarmem körnigem Frischkäse mit max. 0,3 % Fett bestrichen werden. Wer es süß mag, gibt etwas zuckerfreien Fruchtaufstrich darauf (Rezept Seite 22). Man kann es aber auch herzhaft belegen mit Schinken ohne Fettrand, Puten- oder Hähnchenbrust, deren Fettgehalt unter 2 % liegt, Makrele, Thunfisch, Hering oder Lachs sowie jeder Menge frischem Gemüse wie Gurke, Tomate, Paprika, Champignon und Salat.

Auf zusätzliche Fette, die in Butter, Käse, Eiern oder Vollmilchprodukten enthalten sind, sollte zur Gewichtsabnahme möglichst verzichtet werden.

Als Getränk zum Frühstück empfiehlt sich Tee und entkoffeinierter Kaffee oder zumindest eine Mischung aus koffeinhaltigem und koffeinfreiem Kaffee. Für Kinder ist Sojamilch empfehlenswert. Die meisten Kakaopulver, vor allem jene für Kinder, enthalten Zucker und Stärke. Verwenden Sie deshalb ungezuckertes Kakaopulver und süßen nur bei Bedarf mit etwas Fruchtzucker.

Als Zwischenmahlzeit oder Pausensnack am Vormittag eignen sich rohes Gemüse, Obst der Saison, ein Naturjoghurt, ein kleines Stück Hartkäse, ein gekochtes Ei und Salat. Der Salat kann aus Blattsalat, Karotten, Paprika, Gurken, Tomaten ... bestehen und auch Hähnchen-, Putenbrust, Thunfisch oder Lachs enthalten. Wird kein Brot zum Salat gegessen, darf auch Käse wie Greyerzer, Manchego, Feta oder Mozzarella hinzugefügt werden. Am besten verwenden Sie nur Olivenöl, Essig und Kräuter für die Sauce, denn handelsübliche Fertigprodukte enthalten oft Zucker oder Glukose.

Aber auch ein Vollkornbrot oder -knäcke mit Magerquark oder Frischkäse (max. 0,3 % Fett), rohem Gemüse, Salat, magerem Fleisch, Hähnchen- oder Putenbrust, gekochtem Schinken, Lachs, Makrelenfilet oder Thunfisch eignet sich als Zwischenmahlzeit.

Mittags zuerst immer Rohkost oder einen frischen Salat essen. Danach Fisch, Fleisch, Geflügel oder Ei mit Gemüse der Saison oder Hülsenfrüchten kombinieren. Die Mahlzeit bei Bedarf mit einem kleinen Stück Käse oder einem Dessert, dessen glykämischer Index nicht über 35 liegt, abschließen. Bei starkem Übergewicht empfiehlt es sich auf die Nachspeise zu verzichten.

Zum Snack am Nachmittag eignen sich frisches Obst, etwas Trockenobst oder einige Nüsse. Kinder können nachmittags auch Vollkornbrot oder Vollkornknäcke mit etwas Butter und/oder wenig Fruchtaufstrich ohne Zuckerzusatz essen oder hin und wieder 2–3 Stückchen Schokolade mit mindestens 70 % Kakaogehalt.

Abends am besten ebenfalls Rohkost oder Salat vor der Mahlzeit essen. Anschließend sind Gerichte mit wenig Fett empfehlenswert, z.B. Gemüsesuppe, Gerichte aus Hülsenfrüchten oder Gemüse.

Mindestens 1,5 – 2 Liter Mineralwasser täglich trinken. Erwachsene können am Ende der Mahlzeit durchaus ein kleines Glas (0,1 l) Wein genießen. Mehr würde den Gewichtsverlust behindern. Bier enthält Malzzucker (GI 110), daher sollte man in Phase I am besten darauf verzichten.
Alle gezuckerten Erfrischungsgetränke wie Colagetränke, Limonaden, Eistee und industriell hergestellte Fruchtsäfte sind zu meiden.
Milch wird oft für ein besonders gesundes Getränk bzw. Nahrungsmittel gehalten. Milcheiweiß besteht zu 80 % aus Kasein und zu 20 % aus Molke. Vor allem die Molke kann eine relativ hohe Insulinausschüttung auslösen. Milch und alle Milchprodukte wie Quarkzubereitungen, in denen die Molke vollständig oder teilweise enthalten ist, können daher unter Umständen eine Gewichtsabnahme behindern oder sogar zu Übergewicht führen.

Nachspeisen werden bevorzugt aus Früchten, Joghurt, Magerquark, Eiern, schwarzer Schokolade mit mindestens 70 % Kakaogehalt und Fruchtzucker hergestellt.
Da schwarze Schokolade mit einem Mindestkakaoanteil von 70 % einen niedrigen glykämischen Index von 25 hat, können selbst in der Abnahmephase ab und zu 2–3 Stückchen als Nachspeise verzehrt werden.
Herkömmliche Nachspeisen enthalten schlechte Kohlenhydrate wie Weißmehl und Zucker sowie gesättigte Fette wie Butter oder Margarine und sind nicht geeignet.

In 6 Schritten zum Normalgewicht

1. Essen Sie mindestens drei Hauptmahlzeiten pro Tag: ein ausgewogenes Frühstück, ein reichhaltiges Mittagessen, ein leichtes Abendessen. Zusätzlich können Sie eine oder zwei Zwischenmahlzeiten zu sich nehmen, um ständiges Knabbern zwischen den Mahlzeiten zu vermeiden. Essen Sie sich satt und lassen Sie keine Mahlzeit aus, da der Körper sonst bei der nächsten Mahlzeit mehr speichert, was zur Gewichtszunahme führen kann.

2. Erhöhen Sie den Vollkorn- und Ballaststoffanteil, indem Sie 100%iges Vollkornbrot oder Getreidevollkornflocken mit frischem Obst zum Frühstück und vor dem Mittag- und Abendessen jeweils Rohkost oder Salat essen. Ersetzen Sie weißen Reis und Nudeln durch Natur- oder Basmatireis und Vollkornnudeln oder Spaghetti al dente. Um die Umstellung auf Vollkornnudeln zu erleichtern, können Sie diese anfangs mit weißen Nudeln mischen oder z.B. in einem Gemüseauflauf verstecken.

3. Schränken Sie den Verzehr gesättigter Fette (fettes Fleisch, Wurst, Butter, Vollmilchprodukte …) ein und bevorzugen Sie Olivenöl und Fischfette.

4. Stellen Sie am besten auf entkoffeinierten Kaffee um und meiden Sie koffeinhaltige und alle zuckerhaltigen Getränke. Trinken Sie nicht mehr als ein Glas Wein à 0,1 l zu einer Mahlzeit. Verzichten Sie auf alle hochprozentigen alkoholischen Getränke und nehmen Sie Bier (max. 0,2 l) nur gelegentlich zu sich.

5. Anstelle von Süßigkeiten können frisches Obst, einige Trockenfrüchte oder ab und zu auch etwas Schokolade mit 70 % Kakaogehalt gegessen werden.

6. Auf herkömmlichen weißen Zucker bei Übergewicht am besten ganz verzichten. Ersetzen Sie ihn durch Fruchtzucker, der die 1,3-fache Süßkraft von Kristallzucker besitzt. Jeglichen Zucker sparsam wie ein Gewürz verwenden.

Frühstück

Ein ausgewogenes Frühstück bildet die Basis des Tages.

PHASE I + II

Power-Müsli

ZUBEREITUNGSZEIT: 5–10 Minuten

Zutaten für eine Vorratsmischung

200 g Weizenvollkornflocken
200 g kernige Hafervollkornflocken
200 g Roggenvollkornflocken
200 g Gerstenvollkornflocken
75 g Weizenkeime

1 Die Vollkorngetreideflocken mit den Weizenkeimen in einen großen verschließbaren Behälter geben und gut vermengen.

2 Drei Esslöffel dieser Müslimischung mit 125 g entrahmtem Joghurt in eine Müslischale geben.

3 Nach Belieben frische Beeren oder klein geschnittenes Obst je nach Jahreszeit zufügen.

■ **EMPFEHLUNG**
In **Phase II** können Sie der Grundmischung je 50 g Leinsamen, Sesam, Sonnenblumen-, Kürbiskerne, Hasel- oder Walnüsse, getrocknete Apfel- oder Aprikosenstücke zufügen.

■ **TIPP**
Um den Ballaststoffanteil zu erhöhen, geben Sie jeder Portion 1 Teelöffel Haferkleie hinzu.

Frühstück 15

PHASE I + II

Apfel-Zimt-Grütze

Zutaten für 4 Personen
625 ml Wasser
150 g kernige Hafervollkornflocken
1 Apfel, geschält, in kleine Würfel geschnitten
50 ml Mager- oder Sojamilch
1/8 TL Zimt
1 TL Fruchtzucker (nach Bedarf)

ZUBEREITUNGSZEIT: 20 Minuten

1 In einem mittelgroßen Kochtopf 625 ml Wasser zum Kochen bringen.

2 Die kernigen Hafervollkornflocken und den geschälten, in kleine Stücke geschnittenen Apfel in das kochende Wasser geben. Den Kochtopf mit einem Deckel abdecken und bei geringer Temperatur etwa 10 Minuten sachte kochen. Dabei ab und zu umrühren.

3 Mager- oder Sojamilch angießen.

4 Mit Zimt und eventuell einem Teelöffel Fruchtzucker süßen. Gut umrühren und noch einige Minuten ziehen lassen.

■ **EMPFEHLUNG**
Die Apfel-Zimt-Grütze eignet sich auch hervorragend als Imbiss zum Mitnehmen.

■ **TIPP**
Mögen Sie die Grütze nicht so fest, verwenden Sie etwas mehr Wasser und Milch. Die Grütze kann auch mit mehr Äpfeln und weniger Haferflocken zubereitet werden.

PHASE I + II

Joghurt-Vollwertbrot

Zutaten für ca. 750 g Brot

350 g Weizenvollkornmehl
100 g Roggenvollkornmehl
1/2 **Würfel** frische Hefe
ca. 250 ml lauwarmes Wasser
150 g entrahmter Joghurt
1 EL Meersalz
100 g kernige Hafervollkornflocken
1 EL lauwarme Milch

ZUBEREITUNGSZEIT:
1 Stunde 30 Minuten
BACKZEIT: 45–55 Minuten

1 Weizen- und Roggenmehl in einer Rührschüssel mischen. Hefe hineinbröckeln, Wasser und Joghurt dazugeben und verrühren. Salz hinzufügen und zu einem glatten Teig verarbeiten, bis sich der Teig vom Schüsselrand löst.

2 Mit einem Küchentuch abdecken und an einem warmen Ort 30 Minuten gehen lassen, bis sich das Volumen des Teigs verdoppelt hat.

3 Die Haferflocken mit dem Teig verkneten. In eine gefettete Kastenform (ca. 26 cm Länge) geben und abgedeckt nochmals 30 Minuten gehen lassen.

4 Inzwischen den Backofen auf 200 °C vorheizen.

5 Den Teig mit Milch bepinseln, mit Haferflocken bestreuen und etwa 50 Minuten backen, dabei ein mit Wasser gefülltes hitzebeständiges Gefäß auf den Boden des Backofens stellen. Brot aus der Form nehmen und auf einem Kuchenrost auskühlen lassen.

EMPFEHLUNG
Zur Abwechslung können aus dem Teig auch Brötchen geformt und in **Phase II** je nach Belieben mit Sesam, Leinsamen, Sonnenblumen- oder Kürbiskernen bestreut werden.

PHASE I + II

Vollkornbrötchen

Zutaten für 12 Brötchen
500 g Weizen- oder Dinkelvollkornmehl
(am besten frisch gemahlen)
1 Würfel frische Hefe (42 g)
1/2 TL Fruchtzucker
ca. 350 ml lauwarmes Wasser
1 TL Meersalz
• Backpapier

ZUBEREITUNGSZEIT: 1 Stunde
BACKZEIT: 20–25 Minuten

1 Das Vollkornmehl in eine Rührschüssel geben. Die Hefe zerbröckeln und mit Fruchtzucker und dem warmen Wasser verrühren. Salz dazugeben und mit der Küchenmaschine oder dem Handrührgerät (Knethaken) zu einem glatten Teig verarbeiten.

2 Rührschüssel mit einem Tuch abdecken und den Teig an einem warmen Ort etwa 30 Minuten aufgehen lassen.

3 Den Backofen auf 220 °C vorheizen.

4 Mit bemehlten Händen 12 Brötchen aus dem Teig formen und auf ein mit Backpapier belegtes Backblech setzen. Mit einem Küchentuch abgedeckt nochmals 15–20 Minuten gehen lassen.

5 Ein hitzebeständiges Gefäß mit Wasser unten in den Backofen stellen und die Brötchen auf mittlerer Schiene 20–25 Minuten goldbraun backen. Anschließend auf einem Kuchenrost abkühlen lassen.

 TIPP
In **Phase I** können die Brötchen vor dem Backen mit Haferflocken, in **Phase II** auch mit Mohn, Sesam oder Sonnenblumenkernen bestreut werden.

PHASE I + II

EINWEICHZEIT: 8 Stunden
KOCHZEIT: 35 Minuten
ZUBEREITUNGSZEIT: 10 Minuten

Vegetarischer Brotaufstrich

Zutaten für ca. 250 g

100 g Kichererbsen
1 EL Olivenöl
2 EL rote Paprikastückchen
2 EL grüne Paprikastückchen
2 EL gelbe Paprikastückchen
1 Knoblauchzehe, gepresst
2 TL frischer Zitronensaft
• Meersalz, Pfeffer

1 100 g Kichererbsen in 400 ml Wasser mindestens 8 Stunden, eventuell über Nacht, einweichen.

2 Die eingeweichten Kichererbsen in einem mittelgroßen Topf mit 1/2 Liter Wasser zum Kochen bringen. Mit einem Deckel abdecken und etwa 35 Minuten bissfest kochen. Kichererbsen über einem Sieb abgießen, abtropfen und abkühlen lassen.

3 Paprikastückchen, Olivenöl, gepresste Knoblauchzehe, Zitronensaft, Meersalz und Pfeffer im Mixer oder mit dem Stabmixer pürieren. Die Kichererbsen nach und nach zugeben und sämtliche Zutaten miteinander vermixen.

■ **EMPFEHLUNG**
Dieser Aufstrich kann zu Vollkornbrot oder Vollkornknäckebrot und auch zu Rohkost verzehrt werden.

■ **TIPP**
Kochen Sie eine größere Menge Kichererbsen, zum Beispiel für den Hülsenfrüchte-Salat, Rezept Seite 47 oder als Beilage.

PHASE I + II

Kräuter-Quarkcreme

Zutaten für 250 g

125 g Magerquark
125 g Frischkäse, Halbfettstufe
2 EL frischer Schnittlauch, fein geschnitten
1 EL frische Petersilie, fein gehackt
1 Knoblauchzehe, gepresst
• Meersalz, schwarzer Pfeffer

ZUBEREITUNGSZEIT: 5 Minuten

1 Den Magerquark und den Frischkäse in einer Schüssel miteinander verrühren.

2 Fein geschnittenen Schnittlauch, fein gehackte Petersilie und die gepresste Knoblauchzehe dazugeben.

3 Alle Zutaten gut miteinander vermengen. Mit Meersalz und schwarzem Pfeffer würzen. Sofort servieren.
In einem luftdicht verschlossenen Behälter aufbewahrt, ist die Kräuter-Quarkcreme im Kühlschrank etwa zwei Tage haltbar.

■ **EMPFEHLUNG**
Die Kräuter-Quarkcreme passt als Dip zu Rohkost wie Gurke, Karotte, Zucchini, Kohlrabi, Paprika …
In **Phase II** ist sie auch als Brotaufstrich auf Vollkornbrot oder Vollkornknäckebrot geeignet.

■ **TIPP**
Wandeln Sie die Quarkcreme ab, indem Sie eine fein gehackte Zwiebel und andere Kräuter wie Basilikum, Kerbel, Dill, Oregano … hinzufügen.

Frühstück 21

PHASE I + II

Erdbeer-Fruchtaufstrich

ZUBEREITUNGSZEIT: 15–20 Minuten

Zutaten für ca. 175 ml

300 g Erdbeeren, frisch oder tiefgekühlt
1 EL Fruchtzucker
2 TL Gelatine oder Agar-Agar
2 EL kaltes Wasser
1 TL frischer Zitronensaft

1 Die Gelatine mit 2 Esslöffeln kaltem Wasser in einer kleinen Schüssel anrühren und 5 Minuten quellen lassen.

2 Erdbeeren pürieren, mit dem Fruchtzucker in einen Topf geben und zum Kochen bringen. Danach die Gelatine mit dem Zitronensaft in den Topf geben. Das Ganze 3 Minuten sachte kochen, dabei ab und zu umrühren.

3 Den Fruchtaufstrich in ein verschließbares Glas füllen und abkühlen lassen.

4 Zur Aufbewahrung in den Kühlschrank stellen und innerhalb einer Woche verbrauchen.

■ **EMPFEHLUNG**
Fruchtaufstrich kann zu Vollkornbrot verzehrt werden. Er eignet sich aber auch hervorragend zur Verfeinerung von Naturjoghurt.

■ **TIPP**
Es können auch andere frische Früchte je nach Saison verwendet werden.

PHASE I + II

Erdbeer-Milchshake

Zutaten für ca. 425 ml

175 ml Magermilch oder Sojamilch
5 große Erdbeeren, frisch oder tiefgekühlt
1 EL Naturjoghurt, 0,3 % Fettgehalt
• evtl. etwas Fruchtzucker
• einige Minzeblätter zum Garnieren

ZUBEREITUNGSZEIT: 5 Minuten

1 Die frischen Erdbeeren kurz unter fließendem kalten Wasser abspülen und vom Stiel befreien.

2 Magermilch, vorbereitete Erdbeeren und den Naturjoghurt in ein hohes Gefäß geben und mit dem Pürierstab zerkleinern oder in einem Mixer zu einem Shake verarbeiten.

3 Den Erdbeer-Milchshake bei Bedarf eventuell mit etwas Fruchtzucker süßen.

4 In Gläser geben, mit Minzeblättern garnieren und sofort servieren.

■ **EMPFEHLUNG**
Milchshake – am besten mit Sojamilch, kann auch hin und wieder als Zwischenmahlzeit getrunken werden.

■ **TIPP**
Bereiten Sie den Milchshake zur Abwechslung auch mit anderen Früchten wie Himbeeren oder Waldbeeren zu.

PHASE I + II

Joghurt mit Himbeersauce

Zutaten für 4 Personen
250 g Himbeeren, frisch oder tiefgekühlt
500 g Joghurt*
1 EL Fruchtzucker
1/2 TL frischer Zitronensaft
• evtl. einige Minzeblätter zum Garnieren

ZUBEREITUNGSZEIT: 5 Minuten

1 Die frischen oder tiefgekühlten Himbeeren in ein hohes Gefäß geben. Himbeeren mit 1 Esslöffel Fruchtzucker und 1/2 Teelöffel Zitronensaft vermengen. Die Früchte mit dem Stabmixer oder in einem Mixer pürieren.

2 Den Mager- oder Naturjoghurt auf vier Schälchen verteilen und die Himbeersauce über den Joghurt geben.

3 Joghurt mit Himbeersauce nach Belieben mit Minzeblättern oder zurückbehaltenen Himbeeren garnieren und sofort servieren.

■ **EMPFEHLUNG**
Probieren Sie die Himbeersauce auch als Dessert zu Magerquark oder Vanille-Pudding, Rezept Seite 177.

■ **TIPP**
Zur Abwechslung die Sauce mit Erdbeeren, Brombeeren oder auch gemischten Waldbeeren zubereiten.

* Wird der Joghurt ohne Müsli oder Brot zum Frühstück bzw. als Zwischenmahlzeit gegessen, kann er 3,5 % Fett enthalten – ansonsten nur 0,3 %.

Hauptgerichte

Leckere Gerichte mit Gemüse, Eiern, Fisch, Fleisch und Geflügel machen Lust auf gesundes Kochen.

Dips + Saucen Seite 30–42

Dips: Probieren Sie die leckeren Dips zu knackiger Rohkost, als Zwischenmahlzeit oder als Vorspeise.
In Phase II sind Dips auch als Brotaufstrich auf Vollkornbrot oder Vollkornknäckebrot geeignet.
Saucen: Gemüsesaucen passen hervorragend zu gekochtem Naturreis oder Basmatireis. Aber auch Vollkorn-Nudeln oder Spaghetti al dente können Sie mit einer Vielzahl von Saucen servieren.

Salate Seite 45–57

Essen Sie so oft wie möglich frischen Salat, um den Körper ausreichend mit Vitaminen und Mineralien zu versorgen beziehungsweise gesund und vital zu bleiben – am besten vor jeder Mahlzeit. Bevorzugen Sie erntefrischen Salat aus regionalem Anbau.

Suppen Seite 59–69

Eine Suppe ist relativ rasch und preisgünstig zubereitet. Soll es einmal besonders schnell gehen, können Sie auch Tiefkühlgemüse verwenden. Der Vitamin- und Mineralgehalt von gefrorenem Gemüse ist oftmals höher als von frischem, wenn dieses lange gelagert wurde.

Eier, Fisch, Fleisch, Geflügel Seite 71–121

Eier: Mit Eiern lassen sich schnell abwechslungsreiche Gerichte zaubern.
Fisch: Der hohe Gehalt an mehrfach ungesättigten Omega-3-Fettsäuren bewirkt eine natürliche Regulierung des Cholesterinspiegels und schützt die Blutgefäße vor Ablagerungen. Essen Sie mindestens zwei- bis dreimal pro Woche Fisch.
Fleisch: Bevorzugen Sie mageres Fleisch.
Geflügel: Geflügel ist leicht verdaulich und fettarm.

Gemüsegerichte Seite 123–135

Um dem Körper genügend Vitamine und Mineralien zuzuführen, sollte täglich mindestens zweimal frisches Gemüse verzehrt werden, besser noch zu jeder Mahlzeit.

Vollwertgerichte Seite 137–161

Zu Gerichten, die Kohlenhydrate mit einem glykämischen Index über 35 enthalten, sollte in **Phase I** kein Fett verzehrt werden. Einige Vollwert- bzw. Kohlenhydratgerichte sind daher eher für **Phase II** vorgesehen.

■ **TIPP**
Die blutzuckersteigernde Wirkung von Reis oder Spaghetti kann gesenkt werden, indem man Reis bzw. Spaghetti abkühlen lässt oder einige Stunden in den Kühlschrank stellt und anschließend als Salat zubereitet.

PHASE I + II

Bunter Frischkäse-Dip

ZUBEREITUNGSZEIT: 10 Minuten

Zutaten für ca. 225 g

200 g körniger Frischkäse, fettarm
3 **EL** rote Paprikaschoten, gehackt
1 **EL** gelbe Paprikaschoten, gehackt
1 **EL** frische Petersilie, fein gehackt
2 **TL** frischer Schnittlauch, fein geschnitten
1 **TL** Frühlingszwiebeln, fein geschnitten
• Meersalz, Pfeffer

1 Die gehackten Paprikaschoten, gehackte Petersilie, fein geschnittenen Schnittlauch und Frühlingszwiebeln im Mixer oder mit dem Pürierstab zerkleinern.

2 Den körnigen Frischkäse dazugeben und mit den übrigen Zutaten zu einer sämigen Masse verarbeiten.

3 Bunten Frischkäse-Dip mit Meersalz und Pfeffer würzen und sofort servieren.

EMPFEHLUNG
Der Frischkäse-Dip eignet sich hervorragend zu Rohkost in **Phase I** oder auch als Brotaufstrich in **Phase II**.

TIPP
Die übrigen Paprikaschotenstücke in Streifen schneiden und zu dem Frischkäse-Dip servieren.

PHASE I + II

Frischer Karotten-Dip

ZUBEREITUNGSZEIT: 5–10 Minuten

Zutaten für ca. 225 g

100 g Karotte, geschält, in Würfel geschnitten
2 TL frische Petersilie, gehackt
1 TL frischer Schnittlauch, fein geschnitten
1 TL Frühlingszwiebeln, fein geschnitten
50 g Magerquark
50 g Sauerrahm, 10 % Fettgehalt
1/2 TL frischer Zitronensaft
• Meersalz, Pfeffer, Paprika

1 Die Karottenwürfel, gehackte Petersilie, fein geschnittenen Schnittlauch und Frühlingszwiebeln in ein hohes Gefäß geben und mit dem Pürierstab oder im Mixer zerkleinern.

2 Magerquark, Sauerrahm und 1/2 Teelöffel Zitronensaft zufügen und alles mit dem Pürierstab oder im Mixer gut miteinander vermengen.

3 Den Karotten-Dip mit Meersalz, Pfeffer und Paprika würzen.

EMPFEHLUNG
Der Karotten-Dip passt in **Phase I** zu Rohkost und ist in **Phase II** auch als Brotaufstrich geeignet.

TIPP
Anstelle von Karotten können Sie auch Staudensellerie, Paprika, Zucchini, Gurke oder Kohlrabi verwenden.

Dips & Saucen 33

PHASE I + II

Basilikum-Pesto

ZUBEREITUNGSZEIT: 5 Minuten

Zutaten für ca. 150 ml
1 Bund Basilikum
1–2 Knoblauchzehen, geschält
50 g Parmesan-Käse, frisch gerieben
100 ml Olivenöl

1 Die Basilikumblätter von den Stängeln abzupfen. Basilikumblätter mit den geschälten Knoblauchzehen in ein hohes Gefäß geben und mit dem Pürierstab oder im Mixer grob zerkleinern.

2 Den frisch geriebenen Parmesan-Käse hinzufügen und mit der Basilikum-Knoblauch-Mischung vermengen.

3 Das Öl nach und nach zugeben und mit dem Pürierstab oder im Mixer zu einem glatten Pesto verarbeiten. Dabei darauf achten, dass der Pesto glatt, aber nicht zu fein wird.

4 Den Pesto in ein luftdicht verschließbares Gefäß füllen. So bleibt er im Kühlschrank etwa zwei Wochen haltbar.

EMPFEHLUNG
Der Pesto passt zu Salat, Gemüse und in **Phase II** auch zu Spaghetti al dente.

TIPP
Dem Pesto können nach Belieben noch 25 g Pinienkerne zugegeben und im Mixer mit zerkleinert werden.

Dips & Saucen 35

PHASE I + II

Tomaten-Cocktailsauce

ZUBEREITUNGSZEIT: 5 Minuten
KÜHLZEIT: 2–3 Stunden

Zutaten für 400 g

375 g Naturjoghurt
3 EL Tomatenmark
1 EL Olivenöl
1 Knoblauchzehe, fein gehackt
3 TL frische Kräuter wie Thymian, Basilikum, Rosmarin, Oregano fein gehackt
• Meersalz, Pfeffer, Paprika

1 Tomatenmark mit 1 Esslöffel Olivenöl in einer Schüssel vermischen. Naturjoghurt dazugeben und zu einer glatten Sauce verrühren.

2 Fein gehackte Knoblauchzehe und die fein gehackten Kräuter wie Thymian, Basilikumblätter, Rosmarin und Oregano dazugeben. Mit Meersalz, Pfeffer und Paprika würzen.

3 Vor dem Servieren 2 – 3 Stunden in den Kühlschrank stellen. Die Tomaten-Cocktailsauce kann aber auch sofort serviert werden.

■ **EMPFEHLUNG**
Cocktailsauce zu kurz gebratenem oder gegrilltem Fleisch und Rohkost reichen.

■ **TIPP**
Zur Abwechslung kann der Naturjoghurt auch durch 200 g pürierten körnigen Frischkäse ersetzt und nach Belieben mit fein geschnittenen frischen Tomatenstückchen verfeinert werden.

Dips & Saucen 37

PHASE I + II

Feine Champignonsauce

Zutaten für ca. 1/4 l

1 **EL** Olivenöl
225 **g** Champignons, in dünne Scheiben geschnitten
2 Frühlingszwiebeln, fein geschnitten
375 **ml** Wasser
1/2 **TL** getrockneter Majoran
1 **EL** Sahne mit 15 % Fettgehalt
• Meersalz, Pfeffer

ZUBEREITUNGSZEIT: 30 Minuten
davon KOCHZEIT: 20 Minuten

1 In einem mittelgroßen Topf 1 Esslöffel Olivenöl erhitzen. Champignonscheiben und Zwiebelstücke dazugeben und bei mittlerer Hitze 6 Minuten dünsten. 375 ml Wasser angießen und den getrockneten Majoran zufügen.

2 Champignon-Zwiebel-Mischung zum Kochen bringen und im offenen Topf bei niedriger Temperatur 10 Minuten sachte kochen lassen.

3 Sahne hineingeben, weitere 2 Minuten erhitzen, aber nicht mehr kochen. Dabei häufig umrühren. Mit Meersalz und Pfeffer würzen.

4 Die Hälfte der Champignonmischung pürieren. Die restlichen Pilze über die Sauce geben und servieren.

■ **EMPFEHLUNG**
Champignonsauce passt zu Geflügel oder Fleisch.
Ohne Sahne kann sie auch in **Phase I** zu Vollkornnudeln,
Spaghetti al dente oder Naturreis gereicht werden.

■ **TIPP**
Anstelle von Champignons auch andere Pilze
wie Pfifferlinge oder Austernpilze verwenden.

Dips & Saucen

PHASE I + II

Fruchtige Paprikasauce

ZUBEREITUNGSZEIT: 5 Minuten

Zutaten für ca. 250 ml

2 rote Paprikaschoten, in Stücke geschnitten
2 **EL** Olivenöl
2 **EL** frische Petersilie, fein gehackt
1 **EL** frischer Zitronensaft
1 Knoblauchzehe, gepresst
• Meersalz, Pfeffer

1 In einer antihaftbeschichteten Pfanne 1 Esslöffel Olivenöl erhitzen. Die Paprikastücke hinzufügen und etwa 3 Minuten andünsten, dabei die Pfanne mit einem Deckel abdecken.

2 Fein gehackte Petersilie, Zitronensaft, 1 Esslöffel Olivenöl und gepressten Knoblauch im Mixer pürieren, bis eine gleichmäßige Sauce entsteht.

3 Gedünstete Paprikastücke dazugeben und pürieren. Mit Meersalz und Pfeffer würzen.

EMPFEHLUNG
Die Paprikasauce zu Geflügel und Fisch in **Phase I**, zu Teigwaren oder Reis in **Phase II** reichen.

TIPP
Die Sauce kann auch mit gelben oder grünen Paprikaschoten zubereitet und mit Kräutern wie Basilikum, Thymian oder Rosmarin verfeinert werden.

Dips & Saucen 41

PHASE I + II

Italienische Tomatensauce

Zutaten für 3–4 Personen

1 EL Olivenöl (Phase I ohne Öl)
1 Zwiebel, fein gehackt
1 Stange Sellerie, in Würfel geschnitten
1/2 gelbe Paprikaschote, in Würfel geschnitten
1–2 Knoblauchzehen, fein gehackt
450 g Tomaten, in Würfel geschnitten
2 EL Tomatenmark
1 TL getrocknetes Basilikum
1 TL getrockneter Oregano
• Meersalz, Pfeffer

ZUBEREITUNGSZEIT: 10 Minuten
KOCHZEIT: 15 Minuten

1 In einem mittelgroßen Topf 1 Esslöffel Olivenöl erhitzen. Die Zwiebelstückchen, Sellerie- und Paprikawürfel sowie den gehackten Knoblauch in den Topf geben und bei mittlerer Hitze 4 Minuten andünsten.

2 Tomatenstücke, Tomatenmark, getrocknetes Basilikum und getrockneten Oregano dazugeben. Den Deckel schräg auf den Topf legen und die Tomatenmischung 10 Minuten sachte kochen lassen, dabei ab und zu umrühren.

3 Den Topf vom Herd nehmen und die Tomatensauce mit etwas Meersalz und Pfeffer würzen. Sofort servieren.

■ **EMPFEHLUNG**
Tomatensauce zu Vollkornnudeln,
Spaghetti al dente oder Naturreis reichen.

■ **TIPP**
In **Phase I** empfiehlt es sich diese Sauce
ohne Öl zuzubereiten, falls sie mit Vollkornnudeln,
Spaghetti al dente oder Naturreis verzehrt wird.

42 Dips & Saucen

PHASE I + II

Bauernsalat

ZUBEREITUNGSZEIT: 20 Minuten
GARZEIT: 15 Minuten
MARINIERZEIT: 15 Minuten

Zutaten für 4 Personen

250 g grüne Bohnen
1 kleiner Blumenkohl, in Röschen geteilt
4 Tomaten, in Achtel geschnitten
4 Eier, hart gekocht, geviertelt
1 Frühlingszwiebel, fein geschnitten
1/2 Bund Schnittlauch, fein geschnitten
2 EL Kräuteressig
3 EL Olivenöl
1 EL Senf
• Meersalz, weißer Pfeffer
• Petersilie zum Garnieren

1 Reichlich Wasser in einem großen Topf erhitzen. Die Bohnen in das kochende Wasser geben und 8 Minuten garen. Abtropfen, abkühlen lassen und in 4 cm lange Stücke schneiden.

2 Die Blumenkohlröschen in kochendem Wasser circa 6 Minuten garen. Abtropfen und abkühlen lassen.

3 Bohnenstücke, Blumenkohlröschen, Tomaten und Eiviertel, Zwiebel- und Schnittlauchröllchen in eine Schüssel geben und vermischen.

4 Kräuteressig, Olivenöl, Senf, Meersalz und Pfeffer zu einer Marinade verrühren. Über den Salat geben und leicht untermischen. Bei Zimmertemperatur 15 Minuten ziehen lassen.

5 Vor dem Servieren mit Petersilie garnieren.

Salate

PHASE I + II

Bunter Salat mit Ei

Zutaten für 4–6 Personen

1 Kopf Salat
1 rote Paprikaschote, in feine Streifen geschnitten
5 Champignons, in feine Scheiben geschnitten
2 Frühlingszwiebeln, in Ringe geschnitten
1/2 mittelgroße Gurke, in Scheiben geschnitten
1 Ei, hart gekocht, in Scheiben geschnitten

Salatsauce
150 g Joghurt, entrahmt
3 EL Olivenöl
1 EL frischer Zitronensaft
1 Bund Schnittlauch, fein geschnitten
1 Bund Petersilie, fein gehackt
• Meersalz, Pfeffer

ZUBEREITUNGSZEIT: 15 Minuten

1 Die Salatblätter waschen, trockenschleudern und zerpflücken.

2 Blattsalat mit den Paprikastreifen, Champignonscheiben, Zwiebelringen und Gurkenscheiben in eine Salatschüssel geben und miteinander vermengen. Die Eischeiben zufügen.

3 Den Magerjoghurt, 3 Esslöffel Olivenöl, 1 Esslöffel Zitronensaft, die Hälfte der Kräuter, etwas Meersalz und Pfeffer verrühren.

4 Die Salatsauce kurz vor dem Servieren über den Salat geben, untermischen und mit den restlichen Kräutern bestreuen.

■ **TIPP**
Wählen Sie Salate der Saison – Kopfsalat, Lollo Rosso, Eichblatt, Frisée, Endivie, Eisberg.

PHASE I + II

Hülsenfrüchte-Salat

Zutaten für 4–6 Personen

250 ml rote Bohnen, gekocht (100 g roh)
250 ml Kichererbsen, gekocht (100 g roh)
250 ml grüne Linsen, gekocht (100 g roh)
3 Frühlingszwiebeln, in Ringe geschnitten
1/2 grüne Paprikaschote, in Würfel geschnitten
1/2 gelbe Paprikaschote, in Würfel geschnitten
1 Bund frische Petersilie, gehackt

Salatsauce
50 ml Olivenöl
2 EL Essig
2 EL frischer Zitronensaft
1 Knoblauchzehe, gepresst
1/2 TL Kümmel gemahlen
• Meersalz, schwarzer Pfeffer

ZUBEREITUNGSZEIT: 15 Minuten
MARINIERZEIT: 15 Minuten

1 Sämtliche Zutaten für die Salatsauce in eine kleine Schüssel geben und miteinander verrühren.

2 Die gekochten roten Bohnen, Kichererbsen und grünen Linsen sowie die Zwiebelringe, Paprikawürfel und die gehackte Petersilie in eine große Salatschüssel geben.

3 Salatsauce über den Hülsenfrüchte-Salat geben und gut untermischen.

4 Salat vor dem Servieren bei Zimmertemperatur etwa 15 Minuten ziehen lassen.

■ **TIPP**
Einige Blätter Salat auf einen Teller legen
und den Hülsenfrüchte-Salat darauf anrichten.

Salate 47

PHASE I + II

Chinakohlsalat mit Walnüssen

ZUBEREITUNGSZEIT: 10 Minuten

Zutaten für 4 Personen

1 Chinakohl
1 Orange
50 g Walnusskerne
3 EL Olivenöl
2 EL Apfel-Essig
• Meersalz und Pfeffer

1 Chinakohl unter fließendem kaltem Wasser abspülen, abtropfen lassen und der Länge nach halbieren. In sehr feine Streifen schneiden.

2 Orange schälen, die weiße Haut entfernen und das Fruchtfleisch in kleine Würfel schneiden.

3 Olivenöl, Apfel-Essig, Meersalz und Pfeffer zu einer Marinade verrühren und mit den Walnusskernen und Orangenwürfeln über den Salat geben.

4 Alle Zutaten gut vermengen und 5–10 Minuten bei Zimmertemperatur ziehen lassen.

■ **EMPFEHLUNG**
Der Chinakohlsalat eignet sich hervorragend als Beilage zu gegrillter Geflügelbrust.

Salate 49

PHASE I + II

Feldsalat mit Sonnenblumenkernen

ZUBEREITUNGSZEIT: 15 Minuten

Zutaten für 4 Personen

400 g Feldsalat, geputzt
50 g Sonnenblumenkerne
1 Zwiebel, fein gewürfelt
1 Apfel, geschält, fein gewürfelt
3 EL Olivenöl
2 EL Obstessig
1 TL Senf
1 TL Zitronensaft
• Meersalz, weißer Pfeffer

1 Die Sonnenblumenkerne in einer Pfanne ohne Zugabe von Fett leicht anrösten.

2 Apfelwürfel mit dem Zitronensaft beträufeln und mit den Zwiebelwürfeln sowie 25 g Sonnenblumenkerne und dem Feldsalat in eine große Salatschüssel geben und vermengen.

3 Aus Olivenöl, Obstessig, Senf, etwas Meersalz und Pfeffer eine Marinade bereiten. Diese unter den Salat heben und kurz ziehen lassen.

4 Den Feldsalat mit den restlichen Sonnenblumenkernen bestreuen. Kurz ziehen lassen und servieren.

■ **EMPFEHLUNG**
Feldsalat schmeckt zu Braten und kurz gebratenem Fleisch.

■ **TIPP**
Probieren Sie den Salat statt mit Sonnenblumenkernen und Apfel auch mit Walnüssen und Orange.

Salate 51

PHASE I + II

Tomatensalat italienisch

Zutaten für 4 Personen

1 Kopfsalat
4 große Tomaten, in Scheiben geschnitten
250 g Mozzarella, in dünne Scheiben geschnitten
1 rote Zwiebel, in Ringe geschnitten
3 EL frisches Basilikum, fein geschnitten
4 TL Olivenöl
4 TL heller Balsamico-Essig
• Meersalz, Pfeffer

ZUBEREITUNGSZEIT: 15 Minuten

1 Die Salatblätter waschen und trockenschleudern.

2 Pro Person einen flachen Teller mit jeweils drei bis vier Salatblättern auslegen und die Tomaten- und Mozzarellascheiben abwechselnd darauf verteilen. Mit den roten Zwiebelringen garnieren.

3 Über die Tomaten- und Mozzarellascheiben auf den Salattellern jeweils 1 Teelöffel Olivenöl und 1 Teelöffel hellen Balsamico-Essig geben und mit dem frischen fein geschnittenen Basilikum bestreuen.

4 Vor dem Servieren mit etwas Meersalz und Pfeffer würzen.

■ **EMPFEHLUNG**
Tomatensalat als Beilage zu gegrilltem Geflügel, Fisch oder Fleisch reichen.

■ **TIPP**
Anstelle von Mozzarella können Sie auch Schafs- oder Ziegenkäse verwenden.

Salate

PHASE I + II

Thunfisch-Champignon-Salat

ZUBEREITUNGSZEIT: 15 Minuten

Zutaten für 4 Personen

1 Eisbergsalat, in Streifen geschnitten
3 Tomaten, in Achtel geschnitten
100 g Champignons, in Scheiben geschnitten
1 Frühlingszwiebel, fein gehackt
1–2 Dosen Thunfisch in Wasser
8 Oliven
3 EL Schnittlauch, fein geschnitten
3 EL Petersilie, gehackt
1 Knoblauchzehe, gepresst
1/2 TL Senf
2 EL Olivenöl
2 EL heller Balsamico-Essig
• Meersalz, Pfeffer

1 In eine große Salatschüssel Eisbergsalat, Tomatenachtel, Champignonscheiben, fein gehackte Frühlingszwiebel, Oliven, fein geschnittenen Schnittlauch und gehackte Petersilie geben.

2 Gepressten Knoblauch, Senf, Olivenöl, Balsamico-Essig, Meersalz und Pfeffer zu einer Marinade verrühren.

3 Das Wasser vom Thunfisch abgießen. Thunfisch und die Marinade über den Salat geben und unterheben. Kurz ziehen lassen und servieren.

■ **EMPFEHLUNG**
Thunfisch-Champignon-Salat ist ein herrlich erfrischendes Hauptgericht im Sommer.

PHASE I + II

Weißkohlsalat mit Schinkenwürfel

ZUBEREITUNGSZEIT: 15 Minuten
MARINIERZEIT: 1 1/2 Stunden

Zutaten für 4 Personen

1/2 Weißkohl, sehr fein geraspelt
1 rote Paprikaschote, klein gewürfelt
2 Frühlingszwiebeln, in feine Ringe geschnitten
100 g magerer Schinken, ohne Fettrand, gewürfelt
1 EL frischer Zitronensaft
1/2 TL Senf
3 EL Olivenöl
1 EL frische Petersilie, fein gehackt
1 Messerspitze Kümmel, gemahlen
• Meersalz, Pfeffer

1 Geraspelten Weißkohl, klein gewürfelte Paprikaschote, Frühlingszwiebelringe und gemahlenen Kümmel in eine große Schüssel geben und mit etwas Meersalz und Pfeffer würzen.

2 Frisch gepressten Zitronensaft, Senf und Olivenöl zu einer Sauce verrühren und über den Weißkohlsalat gießen.

3 Den Weißkohlsalat abgedeckt in den Kühlschrank stellen und etwa 1 Stunde ziehen lassen.

4 Schinkenwürfel und 1 Esslöffel fein gehackte Petersilie unter den Salat heben und nochmals 1/2 Stunde kühlen.

TIPP
Wandeln Sie das Rezept ab, indem Sie den Schinken durch eine Dose Thunfisch in Wasser (abgetropft) ersetzen.

Salate

PHASE I + II

Eierblumen-Suppe

ZUBEREITUNGSZEIT: 10 Minuten
GARZEIT: 5 Minuten

Zutaten für 3–4 Personen
1 Karotte, in dünne Scheiben geschnitten
1 Riesenchampignon, in Scheiben geschnitten
2 **Blätter** Chinakohl, in feine Streifen geschnitten
1 l Gemüsebrühe
2 Eier
2 **EL** Petersilie, gehackt
• Kräutersalz, Pfeffer, geriebene Muskatnuss

1 Die Gemüsebrühe in einen mittelgroßen Topf geben und zum Kochen bringen. Karotten-, Champignonscheiben und Chinakohlstreifen zufügen und 3 Minuten garen.

2 In der Zwischenzeit Eier und gehackte Petersilie in einer kleinen Schüssel gut miteinander verrühren. Eier-Petersilien-Mischung mit je einer Prise Pfeffer, Muskatnuss und Kräutersalz würzen und sofort mit einem Kochlöffel in die kochende Brühe einrühren.

3 Eierblumen-Suppe kurz aufkochen und in Suppentellern servieren.

■ **TIPP**
Nur kurz kochen, damit das Gemüse knackig bleibt und wertvolle Vitamine nicht verloren gehen.

Suppen

PHASE I + II

Deftige Erbsensuppe

ZUBEREITUNGSZEIT: 10 Minuten
GARZEIT: 35 Minuten

Zutaten für 3–4 Personen

250 g halbe gelbe Erbsen
1 Stange Sellerie, in Stücke geschnitten
1/2 Stange Lauch, in dünne Ringe geschnitten
1 Karotte, in Scheiben geschnitten
1 Zwiebel, fein gehackt
1 l Gemüsebrühe
1 Scheibe gekochter Schinken ohne Fettrand, in Würfel geschnitten
1 EL Olivenöl
1 Knoblauchzehe, gehackt
2 EL frische Petersilie, fein gehackt
1/2 TL Majoran, getrocknet
1 Messerspitze Kümmel, gemahlen
• Meersalz, Pfeffer

1 Die Gemüsebrühe mit den gelben Erbsen in einen Topf geben und zum Kochen bringen. Den Topf mit einem Deckel abdecken und die Erbsen 25 Minuten garen.

2 In der Zwischenzeit 1 Esslöffel Olivenöl in einer großen antihaftbeschichteten Pfanne erhitzen. Sellerie-, Lauch-, Karotten- und Zwiebelstücke bei schwacher Hitze darin andünsten.

3 Gemüse mit den Schinkenwürfeln, gehacktem Knoblauch, gemahlenem Kümmel und 1 Esslöffel Petersilie zu den Erbsen geben und weitere 10 Minuten sachte kochen, bis die Erbsen weich sind. Ab und zu umrühren.

4 Die Erbsensuppe mit Meersalz und Pfeffer würzen und mit der restlichen gehackten Petersilie garniert servieren.

Suppen

PHASE I + II

Frühlingssuppe

ZUBEREITUNGSZEIT: 25 Minuten
GARZEIT: 20 Minuten

Zutaten für 4 Personen

1/4 **Blumenkohl**, in Röschen geteilt
4–5 **Stangen** Spargel, in Stücke geschnitten
1 **Kohlrabi**, geschält, in Stücke geschnitten
150 g **grüne Bohnen**, in Stücke geschnitten
300 g **Erbsen**, frisch oder tiefgekühlt
1 1/2 l **Gemüsebrühe**
je 1 **Bund** Schnittlauch, Petersilie, gehackt
• Meersalz, weißer Pfeffer

1 Die Gemüsebrühe in einem großen Topf aufkochen. Spargel- und Kohlrabistücke zugeben und 8 Minuten bei niedriger Temperatur garen.

2 Blumenkohlröschen, in Stücke geschnittene Bohnen und frische oder tiefgekühlte grüne Erbsen zu den Spargel- und Kohlrabistücken in die Brühe geben und weitere 10 Minuten gar kochen.

3 Die Frühlingssuppe mit etwas Meersalz und Pfeffer würzen.

4 Vor dem Servieren den fein geschnittenen Schnittlauch und die gehackte Petersilie darüber geben.

TIPP
Wenn es ganz schnell gehen soll, können Sie auch Tiefkühlgemüse verwenden.

Suppen 63

PHASE I + II

Gemüse-Cremesuppe

Zutaten für 4 Personen

1 Stange Lauch, in Stücke geschnitten
125 g Brokkoli, in Röschen geteilt
125 g Blumenkohl, in Röschen geteilt
75 g Staudensellerie, in Würfel geschnitten
3/4 l Gemüsebrühe
175 ml Magermilch
2 EL Olivenöl
1/4 TL Majoran und Thymian, getrocknet
• Meersalz, Pfeffer

ZUBEREITUNGSZEIT: 20 Minuten
KOCHZEIT: 30 Minuten

1 Das Olivenöl in einen Topf geben, erhitzen und Lauchstücke, Brokkoli- und Blumenkohlröschen sowie Selleriewürfel bei schwacher Hitze 5 Minuten darin dünsten.

2 Gemüsebrühe angießen, getrockneten Majoran und Thymian zufügen und zum Kochen bringen. Danach den Deckel schräg auf den Topf legen und 20 Minuten sachte köcheln lassen.

3 Das Gemüse mit dem Stabmixer im Topf oder im Mixer pürieren. 175 ml Magermilch angießen, gut unterrühren und Suppe nochmals einige Minuten leicht erhitzen.

4 Die Gemüse-Cremesuppe mit etwas Meersalz und Pfeffer würzen und servieren.

■ **EMPFEHLUNG**
Mit Karottenstreifen, Petersilie und Räucherlachs garnieren.

■ **TIPP**
Kochen Sie von dieser Gemüsecremesuppe die doppelte Menge und bereiten Sie am folgenden Tag die Gemüse-Lasagne, Rezept Seite 149 zu.

PHASE I + II

Kohlrabi-Cremesuppe

Zutaten für 4 Personen

2 Kohlrabi, geschält, in Stücke geschnitten
1 Knoblauchzehe, fein gehackt
1 Stange Lauch, in Ringe geschnitten
1/2 l Gemüsebrühe
1 EL Olivenöl
• Pfeffer, Meersalz, geriebene Muskatnuss

Einlage
1 EL Olivenöl
100 g Pilze, in dünne Scheiben geschnitten
1 Frühlingszwiebel, in Ringe geschnitten
• evt. **4 TL** Crème fraîche

ZUBEREITUNGSZEIT: 30 Minuten
GARZEIT: 20 Minuten

1 In einem Suppentopf 1 Esslöffel Olivenöl erhitzen. Knoblauch und Lauch darin dünsten, Kohlrabistücke dazugeben und mitdünsten. Die Gemüsebrühe angießen und zum Kochen bringen.

2 Das Gemüse bei mäßiger Hitze zugedeckt circa 20 Minuten gar kochen.

3 Für die Einlage 1 Esslöffel Olivenöl in einer Pfanne erhitzen und die Pilze und Frühlingszwiebel darin andünsten.

4 Die Suppe pürieren und mit etwas Pfeffer, Salz und Muskatnuss würzen.

5 Pilze auf vorgewärmte Teller verteilen und die Suppe darüber geben. Eventuell je 1 Teelöffel Crème fraîche zufügen.

■ **TIPP**
Als Basis für diese Suppe können alle Gemüsesorten wie Tomate, Lauch, Fenchel, Gurke, Zucchini usw. verwendet und die Einlage nach Belieben abgewandelt werden. Wählen Sie Gemüse der Saison und bringen Sie so Abwechslung in den täglichen Speiseplan.

PHASE I + II

Tomaten-Linsen-Suppe

Zutaten für 4–6 Personen

300 g Linsen
1 TL Olivenöl
1 Zwiebel, gehackt
1 Stange Sellerie, in kleine Stücke geschnitten
1/2 Stange Lauch, in feine Ringe geschnitten
1/2 kleine Zucchini, in Würfel geschnitten
1 l Gemüsebrühe
650 g Tomaten, in Stücke geschnitten
1 Knoblauchzehe, gehackt
3 EL frische Petersilie, gehackt
3 EL frischer Schnittlauch, fein geschnitten
• Majoran, Thymian, Bohnenkraut, Kümmel gemahlen
• Meersalz, Pfeffer

ZUBEREITUNGSZEIT: 15 Minuten
GARZEIT: 30 Minuten

1 Linsen und 1 Liter kaltes Wasser in einen Topf geben, zum Kochen bringen und 20 Minuten garen.

2 In der Zwischenzeit 1 Teelöffel Olivenöl in einem großen Topf erhitzen und die Zwiebelstücke sowie Lauch, Sellerie- und Zucchiniwürfel bei schwacher Hitze 5 Minuten darin dünsten.

3 Gemüsebrühe angießen, Tomatenstücke, gehackten Knoblauch, Majoran, Thymian, Bohnenkraut, gemahlenen Kümmel, Salz und Pfeffer zufügen.

4 Mit einem Deckel abdecken und bei mittlerer Hitze 10 Minuten kochen, dabei ab und zu umrühren.

5 Die Linsen hinzugeben und weitere 2 Minuten kochen.

6 Vor dem Servieren mit gehackter Petersilie und fein geschnittenem Schnittlauch bestreuen.

Suppen

PHASE I + II

Tomaten-Cremesuppe

ZUBEREITUNGSZEIT: 25 Minuten
GARZEIT: 20 Minuten

Zutaten für 3 Personen
1 Knoblauchzehe, fein gehackt
1 Stange Lauch, in feine Ringe geschnitten
1 Stange Sellerie, in feine Stücke geschnitten
1 kg Tomaten, geviertelt
1 Würfel Gemüsebrühe (für 1/2 l Brühe)
1 EL Olivenöl
4 TL Crème fraîche, fettarm
1/2 Bund Basilikum, fein gehackt
• Meersalz, Pfeffer, Rosmarin

1 Das Olivenöl in einem Topf erhitzen. Fein gehackten Knoblauch, Lauchringe und Selleriestücke zugeben und kurz darin andünsten. Tomatenviertel, Brühwürfel und getrockneten Rosmarin zufügen und abgedeckt bei mäßiger Hitze weich garen.

2 Die Suppe mit einem Pürierstab im Topf oder in einem Mixer pürieren und nach Belieben durch ein Sieb streichen, um die Tomatenkerne zu entfernen. Bei Bedarf noch etwas Brühe zufügen und mit Meersalz, Pfeffer und getrocknetem Rosmarin würzen.

3 In vorgewärmte Suppenteller füllen, mit Crème fraîche und dem frischen gehackten Basilikum garnieren.

■ **TIPP**
Im Sommer schmeckt die Suppe herrlich erfrischend, wenn sie kalt serviert wird.
Mindestens 3 Stunden in den Kühlschrank stellen.

Suppen

PHASE I + II

Kräuter-Omelette mit Speck

ZUBEREITUNGSZEIT: 20 Minuten
GARZEIT: 15 Minuten

Zutaten für 4 Personen

8 Eier
4 **EL** Magermilch
3 **EL** Wasser
1 **Päckchen** Kresse
1/2 **Bund** Schnittlauch, fein geschnitten
75 **g** magerer Schinkenspeck, in Würfel geschnitten
1/2 **TL** Olivenöl
• Meersalz, weißer Pfeffer

1 Eier, Magermilch und 3 Esslöffel Wasser in einer Schüssel verquirlen und mit etwas Meersalz und weißem Pfeffer würzen.

2 Die Kresse abspülen und die Hälfte mit der Küchenschere abschneiden. Kresse und fein geschnittenen Schnittlauch in die Eiermischung geben.

3 In einer großen antihaftbeschichteten Pfanne 1/2 Teelöffel Olivenöl erhitzen und die Speckwürfel darin anbraten. Ei-Kresse-Mischung darüber geben. Deckel auf die Pfanne legen und das Ei bei geringer Hitze stocken lassen.

4 Omelett auf eine vorgewärmte Platte geben, mit der restlichen Kresse garnieren und sofort servieren.

■ **EMPFEHLUNG**
Zu diesem Gericht eignet sich frischer Blattsalat als Beilage.

Eierspeisen

PHASE I + II

Gemüsetorte

Zutaten für 3–4 Personen

1 Zucchini, in dünne Scheiben geschnitten
1 Aubergine, in Scheiben geschnitten
1 **Stange** Lauch, in dünne Ringe geschnitten
1 rote Paprikaschote, in Streifen geschnitten
100 g Champignons, in Scheiben geschnitten
1 Knoblauchzehe, gehackt
3 Eier
3 EL Sauerrahm
50 g Käse, gerieben
3 EL Olivenöl
1 EL fein gehackte Kräuter: Thymian, Oregano, Rosmarin, Petersilie oder Sellerie
• Meersalz, Pfeffer

ZUBEREITUNGSZEIT: 10 Minuten
GARZEIT: 35 Minuten

1 Den Backofen auf 180 °C vorheizen.

2 Eine Auflaufform (ca. 26 cm Durchmesser) mit etwas Olivenöl einfetten. Abwechselnd Zucchini- und Auberginescheiben in die Form legen, mit Salz und Pfeffer würzen.

3 Olivenöl in einer Pfanne erhitzen, darin Knoblauch, Lauch, Paprika und Pilze kurz andünsten. Mit Salz und Pfeffer würzen und über die Zucchini- und Auberginescheiben verteilen.

4 Eier mit dem Sauerrahm und Käse verrühren. Mit Pfeffer, Salz und den Kräutern würzen und über das Gemüse geben. Im Ofen in circa 30 Minuten goldbraun backen und sofort servieren.

■ **EMPFEHLUNG**
Als Beilage passt dazu Blatt- und Rohkostsalat oder Bunter Salat mit Ei, Rezept Seite 46.

Eierspeisen

PHASE I + II

Paprika-Eier-Pfanne

ZUBEREITUNGSZEIT: 15 Minuten
GARZEIT: 15 Minuten

Zutaten für 4 Personen

3 gelbe Paprikaschoten, in Streifen geschnitten
3 grüne Paprikaschoten, in Streifen geschnitten
4 Tomaten, in Achtel geschnitten
50 g magerer Schinken, in Streifen geschnitten
4 Eier
1/2 Bund Petersilie, gehackt
• Meersalz, Pfeffer

1 Die Paprika-, Tomaten- und Schinkenstreifen in eine große antihaftbeschichtete Pfanne geben und in circa 5 Minuten bei mittlerer Temperatur mit einem Deckel abgedeckt andünsten. Mit etwas Meersalz und Pfeffer würzen.

2 Eier in einer Schüssel verquirlen und über das gedünstete Gemüse geben. Die Pfanne mit einem Deckel abdecken und das Ei in etwa 3 Minuten stocken lassen.

3 Die gehackte Petersilie über die Paprika-Eier streuen und sofort servieren.

■ **EMPFEHLUNG**
Als Beilage eignet sich frischer Gurkensalat.

■ **TIPP**
Dieses Gericht ist im Sommer auch gekühlt eine leckere Abwechslung.

Eierspeisen 75

PHASE II

Schnelle Spinat-Quiche

ZUBEREITUNGSZEIT: 10–15 Minuten
BACKZEIT: 45 Minuten

Zutaten für 3–4 Personen
3 große Eier, verquirlt
1/4 l Magermilch
80 g Vollkornmehl
1 Zwiebel, fein gehackt
250 g frischer Spinat, entstielt und grob zerkleinert
1 Knoblauchzehe, gehackt
1 EL frische Petersilie, fein gehackt
50 g Emmentaler, gerieben
1 EL Olivenöl
• Meersalz, Pfeffer

1 Den Backofen auf 180 °C vorheizen.

2 Eier, Magermilch, 1 Esslöffel Olivenöl und Vollkornmehl in einer Schüssel gut verrühren. Fein gehackte Zwiebel, zerkleinerten Spinat, gehackte Knoblauchzehe, fein gehackte Petersilie, und geriebenen Emmentaler zufügen und untermischen. Mit Meersalz und Pfeffer würzen.

3 Spinatmasse in eine leicht eingeölte ofenfeste Form (ca. 26 cm Durchmesser) füllen.

4 Quiche im vorgeheizten Backofen in 45 Minuten auf unterster Schiene bei 180 °C goldbraun backen.

■ **EMPFEHLUNG**
Dazu passt hervorragend ein frischer Blatt- oder Rohkostsalat.

PHASE I + II

Erbsen-Omelette überbacken

Zutaten für 4 Personen

450 g Erbsen, tiefgekühlt
2 Frühlingszwiebeln, in dünne Ringe geschnitten
1 Tomate, in Würfel geschnitten
8 Eier
1 EL Milch
50 g Emmentaler, gerieben
1 EL Olivenöl
1/2 Bund Petersilie, gehackt
• Meersalz, weißer Pfeffer

ZUBEREITUNGSZEIT: 10 Minuten
GARZEIT: 30 Minuten

1 Den Backofen auf 200 °C vorheizen.

2 In einer antihaftbeschichteten Pfanne 1 EL Olivenöl erhitzen und Frühlingszwiebeln, Tomatenwürfel sowie Erbsen vorsichtig 5–10 Minuten darin dünsten. Anschließend salzen und pfeffern.

3 Die Hälfte der Erbsenmischung entnehmen und beiseite stellen, die andere Hälfte in eine ofenfeste flache, leicht eingeölte Auflaufform (ca. 24 cm Durchmesser) geben.

4 Eier und Milch verquirlen, mit Salz und Pfeffer würzen und über die Erbsen in der Form gießen. Im vorgeheizten Backofen auf mittlerer Schiene 15 Minuten backen.

5 Geriebenen Käse und restliche Erbsen auf dem Omelette verteilen. Auf der nächsthöheren Einschubleiste noch 5 Minuten goldbraun überbacken.

6 Das Erbsen-Omelette mit gehackter Petersilie bestreuen und sofort servieren.

■ **TIPP**
Zur Abwechslung kann das Omelette statt mit Erbsen auch mit blanchierten Brokkoliröschen zubereitet werden.

PHASE I + II

Zucchini-Tomaten-Gratin

Zutaten für 4 Personen

250 g Zucchini, in Scheiben geschnitten
4 Tomaten, in Scheiben geschnitten
2 Frühlingszwiebeln, in Ringe geschnitten
4 große Eier
3 EL Sahne mit 15 % Fettgehalt
20 g Emmentaler, gerieben
1 EL Olivenöl
1 Knoblauchzehe, gehackt
2 EL frische Petersilie, fein gehackt
2 TL frisches Basilikum, fein gehackt
• Meersalz, Pfeffer

ZUBEREITUNGSZEIT: 15 Minuten
GARZEIT: 25 Minuten

1 Den Backofen auf 180 °C vorheizen.

2 Eine ofenfeste Auflaufform mit etwas Olivenöl leicht bepinseln. Vorbereitete Zucchini- und Tomatenscheiben dachziegelartig in die Auflaufform schichten.

3 Eier mit Sahne, geriebenem Käse, 1 Esslöffel Olivenöl, den in Ringe geschnittenen Frühlingszwiebeln, der gehackten Knoblauchzehe, Petersilie und dem Basilikum in einer Schüssel verquirlen. Mit etwas Meersalz und Pfeffer würzen.

4 Die Eier-Kräutermischung gleichmäßig über die Zucchini- und Tomatenscheiben geben. In den vorgeheizten Backofen schieben und 25 Minuten backen. Sofort servieren.

■ **EMPFEHLUNG**
Reichen Sie zu dem Zucchini-Tomaten-Gratin
Blatt- oder Rohkostsalat.

PHASE I + II

Lachsfilet mit frischer Petersiliensauce

ZUBEREITUNGSZEIT: 10 Minuten
GRILLZEIT: 10 Minuten

Zutaten für 4 Personen

4 Lachsfilets
2 TL frischer Zitronensaft
• Pfeffer

Petersiliensauce
250 g körniger Frischkäse, fettarm
50 g Naturjoghurt
6 EL frische Petersilie, fein gehackt
1 EL frischer Schnittlauch, fein geschnitten
• Meersalz, Pfeffer

1 Den Backofen-Grill kurz vorheizen.

2 Lachsfilets in eine leicht eingefettete ofenfeste Form legen, mit Zitronensaft beträufeln und mit Pfeffer würzen.

3 Danach auf jeder Seite circa 5 Minuten im vorgeheizten Backofen grillen, bis die Lachsfilets leicht gebräunt sind.

4 Inzwischen Frischkäse, Naturjoghurt, gehackte Petersilie, Schnittlauch und Gewürze im Mixer pürieren und vor dem Servieren über den Fisch geben.

■ **EMPFEHLUNG**
Als Beilage eignet sich gemischter Blatt- oder Rohkostsalat.

■ **TIPP**
Die Sauce kann auch mit anderen frischen Kräutern wie Estragon, Dill, Kerbel, Kresse, Thymian, Rosmarin … abgewandelt werden.

Fisch

PHASE I + II

Forelle mit Gemüsefüllung

Zutaten für 4 Personen

4 küchenfertige Regenbogenforellen
1 Zitrone, in Scheiben geschnitten
1/2 Fenchelknolle, in Stücke geschnitten
50 g Champignons, in Stücke geschnitten
70 g rote Paprikaschote, in Stücke geschnitten
2 **EL** Frühlingszwiebeln, in Stücke geschnitten
2 **EL** frischer Zitronensaft
2 **EL** frische Petersilie, fein gehackt
1 **EL** Olivenöl
• Meersalz, Pfeffer

ZUBEREITUNGSZEIT: 15 Minuten
GARZEIT: 15 Minuten

1 Den Backofen auf 200 °C vorheizen.

2 Olivenöl in einen Stieltopf geben und Fenchel-, Champignon-, Paprika- und Zwiebelstücke bei schwacher Hitze 5 Minuten darin dünsten.

3 Frisch gepressten Zitronensaft und Petersilie dazugeben, mit Salz und Pfeffer würzen und nochmals 1 Minute dünsten.

4 Forellen innen und außen unter fließendem kaltem Wasser abspülen, mit Küchenkrepp trockentupfen und mit dem gedünsteten Gemüse füllen.

5 Vier rechteckige Stücke Aluminiumfolie auf einer Seite mit etwas Olivenöl bestreichen und die Forellen darauf legen. Mit Zitronenscheiben bedecken, Aluminiumfolie verschließen.

6 Folienpakete in eine ofenfeste Form geben und für etwa 15 Minuten in den Backofen schieben.

■ **EMPFEHLUNG**
Als Beilage eignen sich Blatt- oder Rohkostsalate
z. B. Feldsalat mit Sonnenblumenkernen, Rezept Seite 51.

Fisch

PHASE I + II

Kabeljaufilet in Senfsauce

ZUBEREITUNGSZEIT: 5 Minuten
GARZEIT: 25 Minuten

Zutaten für 4 Personen

600–800 g Kabeljaufilet
1–2 l Wasser
1/4 l Magermilch
3 EL Senf
2 Eigelb
1 EL Sahne
1 EL Meersalz
2 EL frische Petersilie, gehackt
1 Prise Pfeffer

1 In einem großen flachen Topf Wasser mit Milch und Salz zum Kochen bringen.

2 Hitze drosseln. Fisch unter fließendem kaltem Wasser abspülen, dazugeben und in etwa 20 Minuten gar ziehen lassen – nicht kochen!

3 Fisch herausheben und abtropfen lassen. 1/4 Liter des Suds behalten, Rest abgießen. Senf, Sahne, Eigelb und eine Prise Pfeffer verquirlen und in den Sud einrühren. Unter ständigem Rühren erhitzen – nicht kochen.

4 Sauce über den Fisch geben und mit der gehackten Petersilie garnieren.

■ **TIPP**
Das übrige Eiweiß kann für die Erdbeer-Joghurt-Creme, Rezept Seite 165, Knusperäpfel, Rezept Seite 169 oder in **Phase II** auch für Energieriegel, Rezept Seite 179 verwendet werden.

Fisch 85

PHASE I + II

Fischfrikadellen

Zutaten für 3–4 Personen

200 g gekochter Fisch, z.B. Lachs, Seelachs
1 großes Ei, verquirlt
2 EL Parmesan-Käse, frisch gerieben
1 Frühlingszwiebel, fein gehackt
4–5 EL frische Petersilie, fein gehackt
2 EL Olivenöl
• Meersalz, Pfeffer

ZUBEREITUNGSZEIT: 10 Minuten
GARZEIT: 8–10 Minuten

1 Den gekochten Fisch, das verquirlte Ei, frisch geriebenen Parmesan, Zwiebelstücke und gehackte Petersilie in einer Schüssel miteinander vermengen. Mit etwas Meersalz und Pfeffer würzen.

2 Aus der Fischmasse vier runde, flache oder längliche Frikadellen formen.

3 In einer antihaftbeschichteten Pfanne 2 Esslöffel Olivenöl erhitzen. Fischfrikadellen bei mittlerer Hitze auf jeder Seite 4 – 5 Minuten darin braten.

4 Die Fischfrikadellen können sofort oder kalt serviert werden. Sie eignen sich auch hervorragend zum Mitnehmen zur Schule oder an den Arbeitsplatz.

■ **EMPFEHLUNG**
Zu den Fischfrikadellen passt Chinakohlsalat mit Walnüssen,
Rezept Seite 49.

■ **TIPP**
Wandeln Sie das Rezept zur Abwechslung ab,
indem Sie statt Fisch Tofu verwenden.

PHASE I + II

Knusper-Seelachs

Zutaten für 4 Personen

4 Seelachsfilets (ca. 600 g)
3 EL kernige Hafervollkornflocken oder Sesam
500 g Tomaten, in Würfel geschnitten
je **1 EL** Schnittlauch, Dill, Petersilie, gehackt
je **1/2 TL** Kerbel und Estragon, getrocknet
200 g Sauerrahm, 10 % Fettgehalt
• Saft einer Zitrone
• Meersalz, weißer Pfeffer

ZUBEREITUNGSZEIT: 15 Minuten
GARZEIT: 15 Minuten

1 Den Backofen auf 180 °C vorheizen.

2 Fischfilets unter fließend kaltem Wasser abspülen, trockentupfen, mit Zitronensaft beträufeln und etwas salzen.

3 In einer antihaftbeschichteten Pfanne Hafervollkornflocken oder Sesam anrösten.

4 Frische und getrocknete Kräuter mit Sauerrahm mischen und mit etwas Salz und Pfeffer würzen.

5 Die Tomatenwürfel in eine ofenfeste Auflaufform mit Deckel geben und Fischfilets darauf legen. Mit dem Kräuterrahm begießen und die gerösteten Haferflocken oder den Sesam darüber geben.

6 Auflaufform zugedeckt in den vorgeheizten Backofen stellen und den Fisch 15 Minuten garen.

■ **EMPFEHLUNG**
Dazu passen grüne Bohnen oder Salat
und in **Phase II** auch Basmatireis.

■ **TIPP**
In **Phase I** anstelle der Hafervollkornflocken
3 Esslöffel Sesam verwenden.

Fisch 87

PHASE I + II

Lachsstreifen mit Champignon-Sahnesauce

ZUBEREITUNGSZEIT: 20 Minuten
GARZEIT: 20 Minuten

Zutaten für 4 Personen

4 Lachsfilets (ca. 600 g)
300 g Champignons, in Scheiben geschnitten
2 Zwiebeln, fein gehackt
1/8 l Gemüsebrühe
100 g Sahne
2 EL frische Petersilie, gehackt
1 EL Olivenöl
• Meersalz, weißer Pfeffer

1 Lachsfilets kurz unter fließendem kaltem Wasser abspülen, trockentupfen und in 2–3 cm breite Streifen schneiden.

2 In einer antihaftbeschichteten Pfanne 1/2 Esslöffel Olivenöl erhitzen, Champignons und Zwiebeln darin kurz andünsten. Mit Gemüsebrühe ablöschen. Sahne zugeben und bei geringer Temperatur sämig einkochen. Mit Meersalz und Pfeffer würzen.

3 In der Zwischenzeit Fischstreifen in einer separaten antihaftbeschichteten Pfanne in 1/2 Esslöffel Olivenöl vorsichtig anbraten.

4 Lachsstreifen auf Teller geben und Champignonsauce darüber verteilen. Mit gehackter Petersilie garnieren.

■ **EMPFEHLUNG**
Zu diesem Gericht passt Gurken- oder Feldsalat;
in Phase II kann dazu noch Naturreis gereicht werden.

Fisch 89

PHASE I + II

Lauchfisch

Zutaten für 4 Personen

4 Seelachsfilets
3 Stangen Lauch, in feine Ringe geschnitten
4 EL Sauerrahm, 10 % Fettgehalt
1 Knoblauchzehe, fein gehackt
• Zitronensaft
• Olivenöl
• Meersalz, weißer Pfeffer

ZUBEREITUNGSZEIT: 10 Minuten
GARZEIT: 15 Minuten

1 Den Backofen auf 200 °C vorheizen.

2 Fisch kurz unter fließendem kaltem Wasser abspülen und mit Küchenkrepp trockentupfen. Mit Zitronensaft beträufeln und salzen.

3 Die Lauchringe in einen Topf geben, mit kochendem Wasser überbrühen und 3 Minuten ziehen lassen, anschließend über einem Sieb abgießen, abtropfen lassen und in eine Schüssel geben.

4 Sauerrahm mit Salz, Pfeffer und gehacktem Knoblauch verrühren und unter den Lauch mischen.

5 Vier Stücke Alufolie einölen. Fischfilets darauf legen, mit der Lauchmasse bedecken und verschließen.

6 Im vorgeheizten Backofen circa 15 Minuten garen.

■ **EMPFEHLUNG**
Als Beilage passt dazu Salat und
in **Phase II** auch Basmatireis.

■ **TIPP**
Probieren Sie das Rezept zur Abwechslung
mit Lachs-, Kabeljau- oder Rotbarschfilets.

PHASE I + II

Rotbarsch auf Gemüsebett

Zutaten für 4 Personen

4 Rotbarschfilets
2 gelbe Paprikaschoten, in Streifen geschnitten
1 rote Paprikaschote, in Streifen geschnitten
4 Tomaten, geviertelt
1 **Stange** Sellerie, in kleine Stücke geschnitten
2 Frühlingszwiebeln, in Ringe geschnitten
50 ml Gemüsebrühe
1 **EL** Olivenöl
• Saft einer Zitrone
• frische Petersilie
• Meersalz, weißer Pfeffer

ZUBEREITUNGSZEIT: 15 Minuten
GARZEIT: 15 Minuten

1 Die Rotbarschfilets kurz unter fließendem kaltem Wasser abspülen und anschließend mit einem Küchenkrepp trockentupfen. Fischfilets mit Zitronensaft beträufeln und mit etwas Meersalz und Pfeffer würzen. Die Filets 10 Minuten ziehen lassen.

2 In einer antihaftbeschichteten Pfanne 1 Esslöffel Olivenöl erhitzen und Paprikastreifen, Selleriestücke und Frühlingszwiebelringe darin kurz andünsten.

3 Die Gemüsebrühe angießen, Tomatenviertel und Rotbarschfilets zufügen und auf beiden Seiten etwa 5 Minuten garen.

4 Mit etwas Meersalz und Pfeffer würzen und mit der frischen Petersilie garnieren. Sofort servieren.

■ **EMPFEHLUNG**
Als Beilage zu den Rotbarschfilets eignen sich Wild- und Basmatireis sowie frische Salate.

PHASE I + II

Bunte Würstchen-Spieße

ZUBEREITUNGSZEIT: 20 Minuten
GARZEIT: 10–15 Minuten

Zutaten für 4 Personen

4 Bockwürste
8 Cocktailtomaten
4 kleine Champignons
1 Salatgurke
2 kleine Zwiebeln
2 rote Paprikaschoten
1 EL Olivenöl

1 Die Bockwürste und Salatgurke in dicke Scheiben schneiden. Zwiebeln in Achtel teilen. Die Paprikaschoten halbieren, entkernen und in Stücke schneiden.

2 Abwechselnd Wurstscheiben, Cocktailtomaten, Champignons, Gurkenscheiben, Zwiebel- und Paprikastücke auf Metall- oder Holzspieße stecken und mit ein wenig Öl bepinseln.

3 Würstchen-Spieße in einer antihaftbeschichteten Pfanne leicht anbraten oder im vorgeheizten Backofen bei 220 °C circa 10–15 Minuten grillen. Sofort servieren.

■ **EMPFEHLUNG**
Als Beilage eignen sich Blatt- und Rohkostsalate oder in **Phase II** auch Naturreis.

■ **TIPP**
Wandeln Sie das Rezept für Würstchen-Spieße ab, indem Sie Bratwurst und anderes Gemüse verwenden.

Fleisch

PHASE I + II

Fleisch-Gemüse-Pfanne

Zutaten für 4 Personen

450 g Schweine-Geschnetzeltes
2 Frühlingszwiebeln, in Ringe geschnitten
2 Paprikaschoten, in Streifen geschnitten
1 Zucchini, in Würfel geschnitten
100 g Zuckererbsenschoten
100 g Champignons, in Scheiben geschnitten
1250 g Tomaten, frisch (oder aus der Dose), in Würfel geschnitten
2 Knoblauchzehen, gepresst
1 Würfel Gemüsebrühe
1 EL Senf
2 EL Olivenöl
2 EL getrocknete Kräuter der Provence
• Meersalz, Pfeffer

ZUBEREITUNGSZEIT: 15 Minuten
GARZEIT: 30 Minuten

1 In einem großen Schmortopf 2 Esslöffel Olivenöl erhitzen. Schweine-Geschnetzeltes kurz darin anbraten.

2 Die in Ringe geschnittenen Frühlingszwiebeln, Paprikastreifen, Zucchiniwürfel, Zuckererbsenschoten und Champignonscheiben hinzufügen und 5 Minuten bei schwacher Hitze dünsten.

3 Frische gewürfelte Tomaten, gepressten Knoblauch, Senf, die Kräuter der Provence und den zerkleinerten Brühwürfel zugeben.

4 Fleisch-Gemüse-Pfanne mit etwas Meersalz und Pfeffer würzen, leicht umrühren und etwa 10 Minuten sachte weitergaren. Sofort servieren.

■ **EMPFEHLUNG**
Als Beilage zu der Fleisch-Gemüse-Pfanne eignet sich Wild-, Natur- oder Basmatireis.

■ **TIPP**
Das Rezept kann statt mit Schweinefleisch auch mit Puten-Geschnetzeltem zubereitet werden.

PHASE I + II

Gefüllte Paprika

Zutaten für 4 Personen

500 g mageres Rinderhackfleisch
4 große Paprikaschoten
250 ml Gemüsebrühe
1/2 Frühlingszwiebel, fein gehackt
2 EL Tomatenmark
125 g Basmatireis
125 ml Wasser
3 EL Petersilie, gehackt
• Meersalz, Pfeffer, Paprika

ZUBEREITUNGSZEIT: 20 Minuten
GARZEIT: 30 Minuten

1 Kaltes Wasser und Reis in einem Topf abgedeckt erhitzen, umrühren und 3 Minuten kochen. Herdplatte ausschalten und Reis im abgedeckten Topf auf der noch warmen Herdplatte gar quellen lassen.

2 Paprikaschoten waschen, den oberen Teil abschneiden und das Kerngehäuse entfernen.

3 Hackfleisch mit Salz, Pfeffer und Paprika würzen. Gehackte Frühlingszwiebel und die Hälfte des gekochten Reises untermischen.

4 Paprikaschoten mit der Hackfleischmischung füllen und mit dem oben abgeschnittenen Teil verschließen. Gefüllte Paprikaschoten aufrecht in einen großen Topf setzen, die Hälfte der Gemüsebrühe angießen und abgedeckt bei mäßiger Temperatur etwa 15 Minuten dünsten. Restliche Gemüsebrühe zugeben und nochmals 15 Minuten gar dünsten.

5 Gefüllte Paprika vorsichtig auf einen Teller heben. 2 Esslöffel Tomatenmark in den Sud einrühren und kurz einkochen lassen. Tomatensauce über die gefüllten Paprikaschoten geben und mit dem restlichen Reis servieren. Mit Petersilie garnieren.

■ **TIPP**
Die Zubereitungszeit verkürzt sich, wenn Sie den Reis am Vortag kochen.

PHASE I + II

Hackterrine mit Spinatfüllung

Zutaten für 4–6 Personen

675 g mageres Hackfleisch (Rind, Schwein, Kalb)
275 g frischer Spinat, entstielt, gehackt
175 g Ricotta- oder Frischkäse mit 5 % Fettgehalt
60 g Mozzarella, fettarm, gerieben
1 Ei, verquirlt
2 Frühlingszwiebeln, in Stücke geschnitten
2 Knoblauchzehen, fein gehackt
750 g Tomaten, in Würfel geschnitten
3 EL Tomatenmark
1 EL Olivenöl
2 TL getrockneter Majoran
1 TL getrockneter Oregano

ZUBEREITUNGSZEIT: 25 Minuten
GARZEIT: 15 + 60 Minuten

1 Den Backofen auf 180 °C vorheizen.

2 Hackfleisch, verquirltes Ei, die Hälfte der Zwiebelstücke, Oregano, 1 Teelöffel Majoran, Salz und Pfeffer in einer Schüssel vermengen. Beiseite stellen.

3 Restliche Zwiebelstücke und gehackten Knoblauch in einem Topf bei schwacher Hitze in Olivenöl 1 Minute dünsten. Tomatenwürfel, Tomatenmark, 1 Teelöffel Majoran, Salz und Pfeffer zufügen. Abgedeckt 10 Minuten sachte kochen lassen. Sauce vom Herd nehmen und beiseite stellen.

4 Gehackten Spinat, Ricotta- oder Frischkäse und Mozzarella in einer Schüssel vermengen.

5 Die Hälfte der Hackfleischmischung in eine leicht geölte Kastenform geben. Spinatmischung darauf verteilen und die Hälfte der Tomatensauce darüber gießen. Restliche Hackfleischmischung hineingeben.

6 Im Backofen 1 Stunde backen und mit der übrigen Tomatensauce servieren.

Fleisch

PHASE II

Hamburger

Zutaten für 4 Personen

450 g mageres Rinderhackfleisch
8 Scheiben getoastetes Vollkornbrot oder **4** Vollkornbrötchen
4 große Tomatenscheiben
4 Blätter Kopf- oder Eisbergsalat
4 rote Zwiebelscheiben
1 EL Olivenöl
• Senf
• Joghurt

Sauce
1 TL Olivenöl
1/2 Zwiebel, fein gehackt
3 EL Tomatenmark
3 EL Gemüsebrühe
1 TL Balsamico-Essig
1/2 TL getrocknetes Basilikum
1 Prise Cayennepfeffer
• Meersalz, Pfeffer

ZUBEREITUNGSZEIT: 25 Minuten
KÜHLZEIT: 30 Minuten

1 Für die Sauce 1 Teelöffel Olivenöl in einen Topf geben und Zwiebelstücke bei schwacher Hitze 1 Minute darin dünsten. Tomatenmark, Essig, getrocknetes Basilikum und Gewürze hineingeben und zugedeckt 3 Minuten sachte kochen. Danach 30 Minuten abkühlen lassen.

2 Hackfleisch und Sauce in einer Schüssel miteinander vermengen. Aus der Hackfleischmischung etwa 1 cm dicke flache Frikadellen formen.

3 In einer antihaftbeschichteten Pfanne 1 Esslöffel Olivenöl erhitzen und die Frikadellen bei mittlerer Hitze auf jeder Seite etwa 5 Minuten braten.

4 Zwischen zwei Brotscheiben je eine Frikadelle, eine Tomatenscheibe, ein Salatblatt und eine Zwiebelscheibe legen. Den Hamburger nach Belieben mit Senf und Joghurt garnieren.

PHASE I + II

Hackfleischpfanne mit grünen Bohnen

Zutaten für 2 Personen

300 g mageres Rinderhackfleisch
250 g grüne Bohnen, 5 Minuten blanchiert
1 Knoblauchzehe, fein gehackt
1 große Zwiebel, fein gehackt
1 gelbe Paprikaschote, in Streifen geschnitten
100 g Joghurt
1 EL Olivenöl
1 EL Bohnenkraut, fein gehackt
• Meersalz, Pfeffer

ZUBEREITUNGSZEIT: 15 Minuten
GARZEIT: 20 Minuten

1 In einer Pfanne 1 Esslöffel Olivenöl erhitzen und das Rinderhackfleisch darin bröselig anbraten.

2 Fein gehackten Knoblauch, Zwiebelstücke und Paprikastreifen zufügen, alles gut verrühren und dünsten, bis die Zwiebel glasig ist.

3 Die blanchierten Bohnen, Joghurt und Bohnenkraut unterrühren. Pfanne mit einem Deckel abdecken und das Ganze bei mäßiger Hitze 10 Minuten dünsten.

4 Mit Meersalz und Pfeffer würzen und sofort servieren.

■ **EMPFEHLUNG**
In **Phase I** können Sie Wildreis und in **Phase II** auch
Natur- oder Basmatireis dazu reichen.

■ **TIPP**
Aus dem Hackfleisch können Sie auch kleine Bällchen zubereiten. Geben Sie die gehackte Knoblauchzehe und die gehackte Zwiebel sowie 1 Ei, Pfeffer, Salz und Paprikagewürz zum Hackfleisch und formen aus der Masse kleine Bällchen, die Sie in etwas Olivenöl anbraten.

PHASE II

Pikanter Hackbraten

Zutaten für 4–6 Personen

900 g mageres Rinderhackfleisch
2 große Eier, verquirlt
300 ml Tomaten, passiert
125 g kernige Hafervollkornflocken
1 Zwiebel, fein gehackt
1 **Messerspitze** getrockneter Salbei
1 **Messerspitze** getrocknetes Basilikum
• Meersalz, schwarzer Pfeffer

ZUBEREITUNGSZEIT: 10 Minuten
GARZEIT: 1–1 1/2 Stunden

1 Den Backofen auf 180 °C vorheizen.

2 Das Rinderhackfleisch, verquirlte Eier und passierte Tomaten in einer großen Schüssel miteinander vermengen.

3 Kernige Hafervollkornflocken im Mixer zerkleinern und mit der fein gehackten Zwiebel, je einer Messerspitze getrocknetem Salbei und Basilikum, Meersalz und Pfeffer zum Hackfleisch geben. Alle Zutaten gut miteinander vermischen.

4 Die Hackfleisch-Masse in eine leicht eingeölte ofenfeste Kastenform füllen. Die Kastenform in den vorgeheizten Backofen schieben und 1–1 1/2 Stunden backen. Den Hackbraten sofort servieren.

■ **EMPFEHLUNG**
Dazu Champignonsauce, Rezept Seite 39 oder Tomatensauce, Rezept Seite 42 reichen.
Als Beilage eignet sich Gemüse, z.B. Kohlgemüse-Pfanne Seite 129.

■ **TIPP**
Verwenden Sie eventuelle Hackbratenreste anstelle der Frikadellen
für den Hamburger, Rezept Seite 101.

Fleisch

PHASE I + II

Schnitzel auf Champignons

ZUBEREITUNGSZEIT: 20 Minuten
GARZEIT: 25 Minuten

Zutaten für 4 Personen

4 magere Schweineschnitzel
500 g kleine Champignons, geputzt
4 Tomaten
1 Bund Petersilie, gehackt
• Saft einer Zitrone
• Meersalz, Pfeffer, Curry
• 1 EL Olivenöl

1 1/2 Esslöffel Olivenöl in einer antihaftbeschichteten Pfanne erhitzen und Champignons darin 5 – 10 Minuten anbraten. Mit Meersalz, Pfeffer, Zitronensaft und gehackter Petersilie würzen. In eine Schüssel geben und warm halten.

2 Tomaten oben kreuzweise einschneiden und mit der Oberseite nach unten 5 Minuten in der Pfanne schmoren lassen. Tomaten zu den Champignons geben und warm stellen.

3 In der Zwischenzeit Schnitzel flach klopfen und mit Meersalz und Pfeffer würzen. 1/2 Esslöffel Olivenöl in einer antihaftbeschichteten Pfanne erhitzen und die Schnitzel darin 3 – 5 Minuten auf jeder Seite braten.

4 Schnitzel mit Curry bestäuben und auf die Champignons geben. Sofort servieren.

■ **EMPFEHLUNG**
Zu diesem Gericht eignen sich als Beilage grüne Blattsalate der Saison.

Fleisch 105

PHASE I + II

Schweinemedaillons in Käse-Kruste

Zutaten für 4 Personen

8 Schweinemedaillons
2 Eier
4 Tomaten
2 **EL** Emmentaler, fein gerieben
4 **TL** Petersilie, gehackt
1 **EL** Olivenöl
• Selleriesalz

ZUBEREITUNGSZEIT: 10 Minuten
GARZEIT: 6 Minuten

1 Die Schweinemedaillons kurz unter fließendem kaltem Wasser abspülen und mit einem Küchenkrepp trockentupfen. Mit Selleriesalz würzen.

2 Eier und fein geriebenen Emmentaler-Käse in einem tiefen Teller gut vermischen und die Medaillons darin wenden.

3 In einer antihaftbeschichteten Pfanne 1 Esslöffel Olivenöl erhitzen und die Schweinemedaillons darin auf beiden Seiten etwa 3 Minuten braten.

4 In der Zwischenzeit Tomaten entstielen, Haut entfernen und in Scheiben schneiden. Schweinemedaillons auf einer vorgewärmten Platte anrichten. Mit den Tomatenscheiben und der gehackten Petersilie garnieren und sofort servieren.

■ **EMPFEHLUNG**
Zu diesem Gericht passen gedünstete Champignons und Blatt-, Gurken- oder Tomatensalat.

PHASE I + II

Hähnchen-Kichererbsen-Topf

ZUBEREITUNGSZEIT: 15 Minuten
GARZEIT: 1 Stunde 10 Minuten

Zutaten für 4 Personen

1 Brathähnchen ca. 800 g
250 g Kichererbsen
500 g Tomaten, in Würfel geschnitten
3 Zwiebeln, fein geschnitten
1/2 Liter Gemüsebrühe
2 EL Olivenöl
1/2 TL Paprika
1/2 TL Curry
1 Bund Petersilie, gehackt
• Saft einer Zitrone
1/2 TL Meersalz

1 Hähnchen innen und außen unter fließendem kaltem Wasser abspülen, trockentupfen und in 8 Teile schneiden.

2 In einem Schmortopf Olivenöl erhitzen. Zwiebelstücke und Hähnchenteile zugeben und rundherum anbraten.

3 Kichererbsen und Brühe dazugeben. Darauf achten, dass die Kichererbsen mit Brühe bedeckt sind. Mit Paprika, Curry und Meersalz würzen. Zugedeckt bei niedriger Temperatur 1 Stunde garen.

4 Mit der gehackten Petersilie bestreuen und mit Zitronensaft beträufeln, sofort servieren.

■ **EMPFEHLUNG**
Zu diesem Gericht passen Blattsalate wie Feld- oder Endiviensalat.

Geflügel

PHASE I + II

Geflügel-Spieße orientalisch

Zutaten für 4 Personen
4 Hühner- oder Putenbrustfilets
4 Zwiebeln, geviertelt
4 Cocktailtomaten
2 rote Paprikaschoten, in Stücke geschnitten
2 Blätter Chinakohl, in Stücke geschnitten

Marinade
1/8 l Olivenöl
1 1/2 EL Soja-Sauce
2 TL Balsamico-Essig
1 Knoblauchzehe, gepresst
1 TL Thymian

ZUBEREITUNGSZEIT: 10 Minuten
MARINIERZEIT: 3 Stunden
GRILLZEIT: 15 Minuten

1 Sämtliche Zutaten für die Marinade in einer Schüssel miteinander verrühren.

2 Hühner- oder Putenbrustfilets in circa 2,5 cm große Stücke schneiden und mit der Marinade bestreichen. Marinierte Geflügelbruststücke etwa 3 Stunden im Kühlschrank ziehen lassen.

3 Den Backofen/Grill vorheizen.

4 Die marinierten Hühner- oder Putenbruststücke und das vorbereitete Gemüse abwechselnd auf Metall- oder Holzspieße stecken.

5 Geflügel-Spieße in eine flache, ofenfeste Form legen und etwa 15 Minuten im Backofen grillen. Nach der Hälfte der Grillzeit umdrehen und mit der Marinade bestreichen.

■ **EMPFEHLUNG**
Dazu können Sie Gemüse oder
Blatt- und Rohkostsalat servieren.

PHASE I + II

Hühnerbrustfilet auf Spinat

Zutaten für 4 Personen
4 Hühnerbrustfilets, je 150 g
1 kg frischer Blattspinat, geputzt
3 EL Olivenöl
2 Zitronen
2 Knoblauchzehen, geschält
• Meersalz, Pfeffer

ZUBEREITUNGSZEIT: 30 Minuten
GARZEIT: 15 Minuten

1 Die Hühnerbrustfilets mit Meersalz und Pfeffer würzen.

2 In einer antihaftbeschichteten Bratpfanne 1 Esslöffel Olivenöl erhitzen und die Hühnerbrustfilets darin anbraten. Mit einem Deckel abdecken und auf jeder Seite 5 Minuten bei geringer Hitze garen.

3 2 Esslöffel Olivenöl in einem Topf erhitzen und den frischen Blattspinat hineingeben. Mit Meersalz und Pfeffer würzen und etwa 5 Minuten garen. Mit einer Gabel die Knoblauchzehen aufspießen und damit den Spinat umrühren. Knoblauchzehen beiseite legen.

4 Das überschüssige Olivenöl aus der Bratpfanne abgießen, Pfanne auf die heiße Herdplatte zurückstellen und den Bratansatz mit dem Saft einer Zitrone lösen.

5 Den Blattspinat auf Tellern anrichten. Hühnerbrustfilets darauf legen und darüber etwas von dem Bratensaft gießen.

6 Mit geschälten Zitronenspalten garnieren und sofort servieren.

■ **EMPFEHLUNG**
Hierzu passt Tomatensalat oder Chinakohlsalat mit Walnüssen, Rezept Seite 49.

PHASE I + II

Hühnerbrustfilet in Tomatensauce

Zutaten für 4 Personen

4 Hühnerbrustfilets
1 Zwiebel, gewürfelt
1 Knoblauchzehe, gepresst
5 Tomaten
1/4 l heißes Wasser
1 EL Olivenöl
1/2 TL Kümmel, gemahlen
1 EL Senf
2 TL Curry
1 Bund Petersilie
• Meersalz

ZUBEREITUNGSZEIT: 20 Minuten
GARZEIT: 25 Minuten

1 Hühnerbrustfilets kurz unter fließendem kaltem Wasser abspülen und mit Küchenkrepp trockentupfen.

2 Zwiebelwürfel, gepresste Knoblauchzehe, gemahlenen Kümmel, Senf, Salz und Curry in einer Schüssel verrühren. Hühnerbrustfilets damit bestreichen.

3 In einem Schmortopf 1 Esslöffel Olivenöl erhitzen und das Fleisch rundherum goldbraun anbraten. Mit heißem Wasser aufgießen.

4 Tomaten entstielen, überbrühen, häuten, in 1/2 cm große Würfel schneiden und zum Fleisch geben. Bei mittlerer Hitze 20 Minuten schmoren.

5 Hühnerbrustfilets aus dem Topf nehmen, mit Petersilie garnieren und auf einer vorgewärmten Platte warm halten. Sauce kurz mit dem Mixstab pürieren und servieren.

■ **EMPFEHLUNG**
Reichen Sie zu diesem Gericht frischen Blattsalat oder Gemüse, z.B. Knackiger Rosenkohl, Rezept Seite 134.
In **Phase II** kann außerdem Naturreis dazu serviert werden.

Geflügel

PHASE I + II

Hühnerbrust-Roulade mit Gemüsefüllung

Zutaten für 4 Personen

4 Hühnerbrustfilets
100 g frische Champignons, geputzt und gewürfelt
40 g Zucchini, in dünne Streifen geschnitten
1/2 rote Paprikaschote, in Würfel geschnitten
4 Tomaten, entkernt, in Würfel geschnitten
50 ml Gemüsebrühe
1 Zwiebel, fein gehackt
1 Knoblauchzehe, gehackt
2 EL Olivenöl
4 TL Senf
6 EL frische Petersilie, fein gehackt
1 1/2 EL Parmesan-Käse, frisch gerieben
1 TL Paprikagewürz
je **1/2 TL** Meersalz und schwarzer Pfeffer

ZUBEREITUNGSZEIT: 15 Minuten
GARZEIT: 40–45 Minuten

1 Den Backofen auf 180 °C vorheizen.

2 Zwiebelstücke und gehackten Knoblauch in einem Topf in Olivenöl 1 Minute andünsten. Champignonwürfel zufügen und kurz mitdünsten. Gemüsebrühe angießen. Zucchinistreifen, Paprikawürfel und 3 Esslöffel der gehackten Petersilie hineingeben und 1–2 Minuten dünsten.

3 Hühnerbrustfilets zwischen Frischhaltefolie legen und bis zu einer Dicke von 1/2 cm flach klopfen. Die Filets jeweils mit 1 Teelöffel Senf bestreichen und mit Meersalz und Pfeffer würzen. Gedünstetes Gemüse darauf verteilen, Parmesan aufstreuen, zusammenrollen und mit Holzstäbchen feststecken.

4 Tomatenwürfel, restliche Petersilie und Paprikagewürz in einer Schüssel vermengen.

5 Rouladen in eine ofenfeste Form legen und die Tomatenmischung darüber verteilen. Mit Aluminiumfolie abdecken und 40–45 Minuten im vorgeheizten Backofen bei 180 °C garen.

Geflügel 115

PHASE I + II

Herzhaftes Putengulasch

Zutaten für 4 Personen

600–800 g Putenfleisch
2 grüne Paprikaschoten, entkernt, in Würfel geschnitten
1 rote Paprikaschote, entkernt, in Würfel geschnitten
1 kleine Zucchini, in Scheiben geschnitten
100 g Champignons, in Scheiben geschnitten
4 Zwiebeln, in Scheiben geschnitten
1 EL Tomatenmark
1/8 l Gemüsebrühe
125 g Sahne
1 EL Olivenöl
1 EL Essig
• abgeriebene unbehandelte Zitronenschale
• Meersalz, weißer Pfeffer, Paprika

ZUBEREITUNGSZEIT: 20 Minuten
GARZEIT: 25–30 Minuten

1 Das Putenfleisch kurz unter fließendem kaltem Wasser abspülen, mit einem Küchenkrepp trockentupfen und in 1/2 cm dicke Streifen schneiden.

2 In einem Schmortopf 1 Esslöffel Olivenöl erhitzen und die Zwiebelscheiben darin goldbraun anrösten. Mit Paprika würzen, Tomatenmark dazugeben und mit 1 Esslöffel Essig ablöschen.

3 Putenfleisch zufügen und mit der abgeriebenen Zitronenschale, Meersalz und Pfeffer würzen. Die Gemüsebrühe hinzufügen. Paprikawürfel, Zucchini- und Champignonscheiben dazugeben, umrühren. Pfanne mit einem Deckel abdecken und das Gulasch 20 Minuten gar schmoren.

4 Die Sahne unterrühren, kurz ziehen lassen und sofort servieren.

■ **TIPP**
Dieses Gericht kann zur Abwechslung auch mit
magerem Rinder- oder Schweinegulasch zubereitet werden.

Geflügel

PHASE I + II

Puten-Geschnetzeltes mit grünen Erbsen

ZUBEREITUNGSZEIT incl. GARZEIT: 30 Minuten

Zutaten für 2–3 Personen

450 g Putenschnitzel, in Streifen geschnitten
200 g grüne Erbsen, frisch oder tiefgekühlt
1 mittelgroße Tomate, in Würfel geschnitten
1 kleine Zwiebel, gehackt
1 Knoblauchzehe, gehackt
1/8 l Gemüsebrühe
1 TL getrocknete Kräuter der Provence
1 EL Olivenöl
1 TL getrockneter Thymian
1/2 TL Curry
1 EL Tamari-Sauce (Sojasauce ohne Weizen)
• Meersalz, Pfeffer

1 In einen antihaftbeschichteten Topf 1 Esslöffel Olivenöl geben, erhitzen und Zwiebelstücke bei mittlerer Hitze darin glasig dünsten.

2 Putenstreifen zufügen und etwa 5 Minuten darin anbraten, dabei ab und zu umrühren. Knoblauch, Kräuter der Provence, Thymian, Curry und Tamari-Sauce hineingeben, gut vermengen und weitere 2 Minuten dünsten.

3 Brühe angießen, Erbsen zufügen und zugedeckt bei mittlerer Hitze 5 Minuten garen. Tomatenwürfel hineingeben und im offenen Topf weitere 3 Minuten kochen, ab und zu umrühren. Mit Salz und Pfeffer würzen.

■ **EMPFEHLUNG**
Als Beilage zu Puten-Geschnetzeltem eignen sich Blatt- oder Rohkostsalate. In **Phase II** kann auch Natur- oder Basmatireis dazu serviert werden.

Geflügel

PHASE I + II

Puten-Roulade »Cordon bleu«

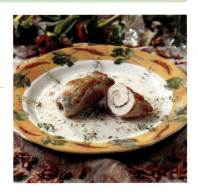

Zutaten für 4 Personen

4 Putenschnitzel (je ca. 100 g)
4 Scheiben gekochter Schinken ohne Fettrand
4 Scheiben Greyerzer
1 Zwiebel, gehackt
100 g Champignons, in dünne Scheiben geschnitten
100 g Sauerrahm
1 1/2 EL Olivenöl
1 TL Senf
• Meersalz, Pfeffer

ZUBEREITUNGSZEIT: 10 Minuten
GARZEIT: 25 Minuten

1 Putenschnitzel mit Senf bestreichen. Mit etwas Meersalz und Pfeffer würzen und mit je einer Schinken- und Käsescheibe belegen. Die Schnitzel zusammenrollen und mit kleinen Holzstäbchen feststecken.

2 In einer antihaftbeschichteten Pfanne 1 Esslöffel Olivenöl erhitzen. Die Puten-Rouladen bei schwacher Hitze darin circa 20 Minuten braten. Auf eine vorgewärmte Platte geben.

3 Die Zwiebelstücke und die in Scheiben geschnittenen Champignons in 1/2 Esslöffel Olivenöl dünsten. Sauerrahm dazugeben und unterrühren.

4 Die Sauce über die Rouladen gießen oder in eine Saucenschüssel füllen und servieren.

■ **EMPFEHLUNG**
Reichen Sie als Beilage Salat, z.B. Bunter Salat mit Ei, Rezept Seite 46.

■ **TIPP**
Die Roulade kann auch mit Gemüse wie Spinat gefüllt werden.

Geflügel 121

PHASE I + II

Blumenkohl-Brokkoli-Auflauf

ZUBEREITUNGSZEIT: 15 Minuten
GARZEIT: 10 + 30 Minuten

Zutaten für 3–4 Personen

300 g Blumenkohl, in Röschen zerteilt, Stiele in kleine Stücke geschnitten
300 g Brokkoli, in Röschen zerteilt, Stiele in kleine Stücke geschnitten
1 Zwiebel, gewürfelt
6 Eier
125 g Sauerrahm
50 g Parmesan-Käse, frisch gerieben
2 Knoblauchzehen, gehackt
2 EL frisches Bohnenkraut oder andere Kräuter, gehackt
3 EL Olivenöl
• Meersalz, Pfeffer

1 Den Backofen auf 200 °C vorheizen.

2 Das Olivenöl in einer großen antihaftbeschichteten Pfanne erhitzen und die Zwiebelstücke darin andünsten. Blumenkohl- und Brokkolistiele zugeben und abgedeckt circa 5 Minuten bei geringer Hitze dünsten. Mehrmals wenden. Blumenkohl- und Brokkoliröschen zugeben und weitere 5 Minuten garen.

3 In einer Schüssel Eier, Sauerrahm, gehackten Knoblauch, frisch geriebenen Parmesan-Käse, gehackte Kräuter, Meersalz und Pfeffer verrühren.

4 Blumenkohl und Brokkoli in eine leicht eingeölte ofenfeste Auflaufform geben und die Eiermischung gleichmäßig darüber verteilen.

5 Im vorgeheizten Backofen bei 200 °C 30 Minuten überbacken und sofort servieren.

Gemüsegerichte

PHASE I + II

Fenchel gefüllt

Zutaten für 4 Personen

4 Fenchelknollen
1 Karotte, geraspelt
1 Zwiebel, fein gehackt
1 Knoblauchzehe, fein gehackt
100 g Sauerrahm
50 g Emmentaler, frisch gerieben
1/2 Bund Petersilie, gehackt
• Meersalz, Pfeffer, geriebene Muskatnuss

ZUBEREITUNGSZEIT: 15 Minuten
GARZEIT: 15 Minuten

1 Den Backofen auf 225 °C vorheizen.

2 Fenchelknollen putzen, waschen und halbieren. Die inneren Blätter entfernen, in kleine Würfel schneiden und beiseite stellen.

3 In einem großen Topf reichlich Wasser erhitzen, salzen und die Fenchelhälften in kochendem Salzwasser 5 Minuten blanchieren. Den Fenchel mit einem Schaumlöffel herausnehmen und abtropfen lassen. Das Kochwasser beiseite stellen.

4 Fein geschnittenen Fenchel mit geraspelter Karotte, Sauerrahm, gehackter Petersilie, Knoblauch- und Zwiebelstücken verrühren und mit Meersalz, Pfeffer und Muskatnuss würzen.

5 Fenchelhälften in eine große ofenfeste Auflaufform geben und mit der Masse füllen. Mit Käse bestreuen und ein wenig Kochwasser angießen.

6 Im vorgeheizten Backofen 15 Minuten bei 225 °C überbacken.

■ **EMPFEHLUNG**
Fenchel passt zu Fisch-, Geflügel- oder Fleischgerichten.
Reichen Sie dazu Karotten- oder Blattsalat.

Gemüsegerichte 125

PHASE I + II

Gemüse-Spieße

ZUBEREITUNGSZEIT: 10 Minuten
MARINIERZEIT: 1 Stunde
GARZEIT: 10 Minuten

Zutaten für 4 Personen
1 Zucchini, halbiert und in Stücke geschnitten
1 grüne Paprikaschote, entkernt und in Würfel geschnitten
8 Cocktailtomaten
2 EL Olivenöl
je **1 TL** Paprikagewürz, getrocknetes Basilikum und Oregano
1/2 TL Senfpulver
• Meersalz, schwarzer Pfeffer

1 Die Marinade in einer Schüssel aus 2 Esslöffeln Olivenöl, Paprikagewürz, getrocknetem Basilikum, Oregano, Senfpulver, Meersalz und schwarzem Pfeffer anrühren.

2 In Stücke geschnittene Zucchini, Paprikawürfel und Cocktailtomaten in eine Schüssel geben. Marinade darüber gießen und vorsichtig mit dem Gemüse vermengen. Mindestens 1 Stunde im Kühlschrank ziehen lassen.

3 Den Backofen auf 180 °C vorheizen.

4 Anschließend das marinierte Gemüse abwechselnd auf Metall- oder Holzspieße stecken. Die Gemüsespieße in eine flache ofenfeste Form legen und im vorgeheizten Backofen 10 Minuten bei 180 °C garen.

■ **EMPFEHLUNG**
Zu den Gemüse-Spießen passt gegrilltes mageres Fleisch, Fisch oder Geflügel.

PHASE I + II

Kohlgemüse-Pfanne

ZUBEREITUNGSZEIT: 10 Minuten
GARZEIT: 20 Minuten

Zutaten für 4 Personen
1 Weißkohl, in feine Streifen geschnitten
2 EL Olivenöl
1/2 TL Kümmel, gemahlen
1/4 l Gemüsebrühe
• Meersalz, Pfeffer

1 In einer hohen antihaftbeschichteten Pfanne oder in einem Bratentopf 2 Esslöffel Olivenöl erhitzen und den in feine Streifen geschnittenen Weißkohl dazugeben.

2 Unter mehrmaligem Wenden 10 Minuten andünsten. Gemahlenen Kümmel zufügen und die Gemüsebrühe angießen.

3 Mit einem Deckel abgedeckt bei geringer Temperatur nochmals 10 Minuten dünsten. Mit Meersalz und Pfeffer würzen und sofort servieren.

EMPFEHLUNG
Dazu passt am besten Fleisch, Geflügel oder – soll es einmal besonders schnell gehen – auch eine heiße Wurst.

TIPP
Probieren Sie statt Weißkohl auch einmal Rotkohl, den Sie mit einem in feine Würfel geschnittenen Apfel andünsten.

Gemüsegerichte 129

PHASE I + II

Kohlrabi-Auflauf

Zutaten für 4 Personen

800 g Kohlrabi
1 Zwiebel, fein gehackt
1 Knoblauchzehe, gehackt
250 g Sauerrahm
1 TL Olivenöl
• Saft einer halben Zitrone
• frische Salbeiblätter, in feine Streifen geschnitten
• frische Thymianblättchen
1 Bund Petersilie, fein gehackt
1 Prise Cayennepfeffer
• Meersalz, weißer Pfeffer

ZUBEREITUNGSZEIT: 25 Minuten
GARZEIT: 40 Minuten

1 Den Backofen auf 200 °C vorheizen.

2 Kohlrabi schälen und mit einem Gemüsehobel in dünne Scheiben schneiden.

3 Eine ofenfeste flache Form mit Olivenöl auspinseln und die Kohlrabischeiben einschichten. Jede Lage etwas salzen und pfeffern und mit den Kräutern, der gehackten Zwiebel und dem Knoblauch bestreuen.

4 Sauerrahm mit Zitronensaft, Salz und Cayennepfeffer verrühren und über die Kohlrabischeiben geben. Mit 1 Teelöffel Olivenöl beträufeln.

5 Im vorgeheuzten Backofen bei 200 °C etwa 40 Minuten goldbraun backen.

6 Mit der fein gehackten Petersilie bestreuen und sofort servieren.

■ **TIPP**
Nach diesem Rezept können Sie auch einen Zucchini-Auflauf zubereiten.

PHASE I + II

Lauchgratin

Zutaten für 3–4 Personen

1 kg Lauch
75 g Parmesan-Käse, frisch gerieben
2 Eier
125 g Sahne
100 g magerer Schinken, gewürfelt
• Saft einer halben Zitrone
• Meersalz, Pfeffer, geriebene Muskatnuss

ZUBEREITUNGSZEIT: 10 Minuten
GARZEIT: 25 Minuten

1 Den Backofen auf 180 °C vorheizen.

2 Lauch waschen, putzen und in Ringe schneiden. Die Lauchringe etwa 10 Minuten in Salzwasser kochen.

3 Anschließend über einem Sieb abgießen und gut abtropfen lassen. Den gegarten Lauch mit etwas Meersalz, Pfeffer und Muskatnuss würzen.

4 Eine ofenfeste Auflaufform mit etwas Olivenöl leicht einölen. Die Lauchringe hineingeben und gleichmäßig verteilen.

5 Die Sahne, Eier und 50 g frisch geriebenen Parmesan-Käse vermischen und über den Lauch geben, mit Schinken und restlichem Parmesan bestreuen.

6 Im vorgeheizten Ofen 30 Minuten bei 180 °C backen. Heiß servieren.

■ **EMPFEHLUNG**
Lauchgratin passt zu Fisch oder hellem Fleisch.

■ **TIPP**
Das Gratin kann auch mit Spinat, Blumenkohl, Brokkoli, Zucchini, Staudensellerie, Champignons, Zwiebeln oder grünen Bohnen zubereitet werden.

Gemüsegerichte

PHASE I + II

Ratatouille

ZUBEREITUNGSZEIT incl. GARZEIT: 20 Minuten

Zutaten für 4 Personen

350 g Tomaten, enthäutet und zerdrückt
10 kleine Zwiebeln, geviertelt
50 ml Tomatensaft
1 Aubergine, in Stücke geschnitten
1 Zucchini, in Stücke geschnitten
1 grüne Paprikaschote, in Stücke geschnitten
1 rote Paprikaschote, in Stücke geschnitten
50 g grüne Bohnen, in Stücke geschnitten
2 EL Olivenöl
1 Knoblauchzehe, gepresst
1 EL Basilikum oder Pesto, Rezept Seite 35
1 EL Tamari-Sauce (Sojasauce ohne Weizen)
1 TL Kräuter der Provence
1/2 TL getrockneter Thymian
• Meersalz, Pfeffer

1 Das Olivenöl in einem Topf erhitzen und Zwiebelviertel bei schwacher Hitze 2 Minuten darin dünsten.

2 Vorbereitetes Gemüse, Knoblauch, Kräuter und Tamari-Sauce hinzufügen. Mit Meersalz und Pfeffer würzen und den Topf mit einem Deckel abdecken.

3 Gemüse 15 Minuten sachte kochen, bis es gar, aber noch knackig ist.

■ **EMPFEHLUNG**
Als Beilage können Sie zu dem Ratatouille Natur- oder Basmatireis reichen.

■ **TIPP**
Im Sommer auch gekühlt eine willkommene Abwechslung.

Gemüsegerichte

PHASE I + II

Knackiger Rosenkohl

Zutaten für 4 Personen
500 g Rosenkohl
1/2 rote Zwiebel, in Scheiben geschnitten
2 EL Olivenöl
1 Prise geriebene Muskatnuss
1 EL frischer Zitronensaft
3 EL frische Petersilie, fein gehackt
• Meersalz, Pfeffer

ZUBEREITUNGSZEIT: 20 Minuten

1 Den Rosenkohl waschen, vom Strunk befreien, äußere Blätter entfernen und jedes Röschen an der Unterseite kreuzförmig einschneiden.

2 Anschließend in einem mittelgroßen Kochtopf Wasser zum Kochen bringen. Den Rosenkohl etwa 10 Minuten im kochenden Wasser blanchieren. Rosenkohl über einem Sieb abgießen und abtropfen lassen.

3 Zwiebelscheiben und blanchierten Rosenkohl in einer antihaftbeschichteten Pfanne bei schwacher Hitze in 2 Esslöffeln Olivenöl dünsten.

4 Den gedünsteten Rosenkohl mit Meersalz, Pfeffer und Muskatnuss würzen.

5 Zitronensaft und fein gehackte Petersilie zufügen, alles gut miteinander vermengen. Sofort servieren.

■ **EMPFEHLUNG**
Rosenkohl passt zu Fisch-, Geflügel- und Fleischgerichten
z. B. Schnitzel auf Champignons, Rezept Seite 105.

PHASE I + II

Zucchini in Sahnesauce

Zutaten für 3–4 Personen
2–3 Zucchini, in Scheiben geschnitten
1 Zwiebel, gehackt
1/8 l Gemüsebrühe
3 EL Sahne mit 20 % Fettgehalt
1 1/2 EL Olivenöl
1 Knoblauchzehe, fein gehackt
2 EL frische Petersilie, fein gehackt
1 Prise weißer Pfeffer

ZUBEREITUNGSZEIT: 15 Minuten
GARZEIT: 10 Minuten

1 In eine antihaftbeschichtete Pfanne 1 1/2 Esslöffel Olivenöl geben und erhitzen. Gehackte Zwiebel und Zucchinischeiben bei schwacher Hitze darin andünsten.

2 Gemüsebrühe angießen, fein gehackten Knoblauch zufügen, mit Pfeffer würzen und etwa 5 Minuten garen.

3 Sahne hineingeben und bei schwacher Hitze etwa 2 Minuten weitergaren, dabei ab und zu vorsichtig umrühren. Bei Bedarf etwas Brühe zugeben.

4 Vor dem Servieren mit der fein gehackten Petersilie bestreuen.

■ **EMPFEHLUNG**
Zucchini-Gemüse passt zu Geflügel-, Fleisch- und Fischgerichten, z. B. Fischfrikadellen, Rezept Seite 86.

■ **TIPP**
Zur Abwechslung Zucchini in Würfel oder in Streifen schneiden.

Gemüsegerichte

PHASE I + II

Bulgur mit Gemüse

Zutaten für 3–4 Personen
100 g Bulgur
1 Zucchini, halbiert, in Scheiben geschnitten
1 Aubergine, halbiert, in Scheiben geschnitten
1 rote Paprikaschote, in Würfel geschnitten
100 g Brokkoli, in Röschen geteilt
100 g Tomaten, in Würfel geschnitten
100 g grüne Bohnen, blanchiert
100 g Champignons, in Scheiben geschnitten
1 Zwiebel, in Stücke geschnitten
1/4 l Gemüsebrühe
1 EL Olivenöl (in Phase I ohne Öl)
1 EL frische Petersilie, gehackt
1/2 TL getrockneter Thymian
• Meersalz, Pfeffer

ZUBEREITUNGSZEIT
incl. GARZEIT: 40 Minuten

1 Die Gemüsebrühe in einem großen Kochtopf zum Kochen bringen. Den Bulgur hineingeben, Topf mit einem Deckel abdecken und bei schwacher Hitze 20–25 Minuten garen.

2 Anschließend den Kochtopf vom Herd nehmen und den Bulgur 10 Minuten im geschlossenen Topf ruhen lassen.

3 Inzwischen 1 Esslöffel Olivenöl in einem antihaftbeschichteten Kochtopf erhitzen. Das vorbereitete Gemüse hineingeben und bei mittlerer Hitze in 6 Minuten gar dünsten.

4 Gekochten Bulgur, gehackte Petersilie, getrockneten Thymian, Meersalz und Pfeffer zufügen.

5 Alle Zutaten gut miteinander vermengen und sofort servieren.

■ **TIPP**
In **Phase II** können Sie eine in Scheiben geschnittene Karotte zufügen. Bereiten Sie das Gericht mit Gemüse der Saison zu. Im Winter eignen sich z. B. auch Lauch und Rosenkohl.

Vollwertgerichte

PHASE I + II

Bunter Nudelsalat

Zutaten für 2–3 Personen
125 g Vollkornnudeln
2 EL Olivenöl (Phase I ohne Öl)
1 Zucchini, in Würfel geschnitten
je 1/2 rote, grüne und gelbe Paprikaschote, entkernt, in Würfel geschnitten
2 Frühlingszwiebeln, in Ringe geschnitten
15 Cocktailtomaten, geviertelt
2 TL frischer Zitronensaft
1 Knoblauchzehe, gepresst
2 EL frische Petersilie, fein gehackt
1 EL frisches Basilikum, fein gehackt
je **1 Prise** Chili-, Sellerie- und Zwiebelgewürz
• Meersalz, Pfeffer

ZUBEREITUNGSZEIT: 15 Minuten
GARZEIT: 10 Minuten
MARINIERZEIT: 1 Stunde

1 In einem großen Kochtopf reichlich Wasser zum Kochen bringen und leicht salzen. Vollkornnudeln hineingeben und in dem Salzwasser bissfest kochen. Gekochte Nudeln über einem Sieb abgießen und gut abtropfen lassen.

2 Olivenöl in einen Topf geben und erhitzen. Die in Würfel geschnittene Zucchini, Paprika und die in Ringe geschnittenen Frühlingszwiebeln dazugeben und 2 Minuten darin dünsten.

3 Frisch gepressten Zitronensaft zufügen und bei mittlerer Hitze weitere 1–2 Minuten dünsten, bis das Gemüse gar, aber noch knackig ist.

4 Gemüse in eine große Salatschüssel geben. Vollkornnudeln, Cocktailtomaten, gepresste Knoblauchzehe, fein gehackte Petersilie und Basilikum zum Gemüse geben und gut miteinander vermengen. Mit Chili-, Sellerie- und Zwiebelgewürz, Meersalz und Pfeffer würzen.

5 Nudelsalat abdecken und 1 Stunde ziehen lassen.

Vollwertgerichte

PHASE II

Crêpes mit Champignonfüllung

Zutaten für 4 Personen

3 große Eier
200 g Weizenvollkornmehl
300 ml Mager- oder Sojamilch
500 g frische Champignons, in dünne Scheiben geschnitten
4 Frühlingszwiebeln, in feine Ringe geschnitten
2 EL frische Petersilie, gehackt
2 EL Sahne
1 TL Olivenöl
• Zitronensaft
• Meersalz, Pfeffer

ZUBEREITUNGSZEIT: 20 Minuten

1 Champignonscheiben mit Zitronensaft beträufeln.

2 Eier, Mehl, Milch und etwas Salz in einer Schüssel zu einem glatten Teig verarbeiten.

3 Die Hälfte der Champignonscheiben und 1 Esslöffel Petersilie zufügen und untermischen.

4 Restliche Champignons und Frühlingszwiebeln in einer antihaftbeschichteten Pfanne andünsten und mit der Sahne ablöschen. Mit Salz und Pfeffer würzen und Sauce abgedeckt kurz ziehen lassen.

5 In einer zweiten antihaftbeschichteten Pfanne einige Tropfen Olivenöl erhitzen. Etwas Crêpe-Teig hineingeben und die Crêpes auf jeder Seite etwa 1–2 Minuten backen.

6 Crêpes mit den gedünsteten Champignons füllen und restliche Petersilie darüber geben.

■ **TIPP**
Die Crêpes können nach Belieben mit Lauch, Zucchini, Kohlrabi oder mit Obst wie Äpfel, Birnen oder Heidelbeeren gefüllt werden. Vollkorncrêpes bieten auch eine Alternative zu herkömmlichem Pizzateigboden.

Vollwertgerichte

PHASE II

Chinakohl mit Knusperkruste

Zutaten für 4 Personen
1 Chinakohl
100 g Sahne
100 g kernige Hafervollkornflocken
1 Knoblauchzehe, fein gehackt
50 g Greyerzer, gerieben
125 ml Gemüsebrühe
1 Bund Petersilie, gehackt
• Meersalz, Pfeffer
• Olivenöl zum Einfetten

ZUBEREITUNGSZEIT: 15 Minuten
GARZEIT: 25 Minuten

1 Den Backofen auf 220 °C vorheizen.

2 Chinakohl unter fließendem kaltem Wasser abspülen, abtropfen lassen, halbieren und den Strunk entfernen.

3 In einem großen Topf Wasser zum Kochen bringen und die Chinakohlhälften darin 2 Minuten blanchieren.

4 Eine große flache ofenfeste Auflaufform mit etwas Olivenöl einfetten und den abgetropften Chinakohl mit der Schnittfläche nach oben hineingeben.

5 Sahne erhitzen. Hafervollkornflocken, Knoblauch, Käse und gehackte Petersilie dazugeben. Mit Salz und Pfeffer würzen und die Haferflockenmasse auf den Chinakohlhälften verteilen.

6 Gemüsebrühe angießen und den Chinakohl im vorgeheizten Backofen circa 25 Minuten bei 220 °C überbacken.

■ **TIPP**
Anstelle des Chinakohls können zur Abwechslung auch unblanchierte Zucchinihälften gefüllt werden.

PHASE II

Gemüse-Spieße mit Haferbällchen

Zutaten für 4 Personen (12 Spieße)

Haferbällchen
1 kleine Zucchini
1/2 kleine Zwiebel, fein gehackt
2 EL Petersilie, fein gehackt
1 Ei
80 g kernige Hafervollkornflocken
50 g Emmentaler, gerieben
• Meersalz, Pfeffer
1 EL Olivenöl
2 EL kernige Hafervollkornflocken zum Panieren

Spieße
12 Gurkenscheiben
12 Kohlrabiwürfel
1 gelbe Paprikaschote, in Stücke geschnitten
12 Cocktailtomaten
12 Karottenscheiben
• frische glatte Petersilie

ZUBEREITUNGSZEIT: 20 Minuten
GARZEIT: 5 Minuten

1 Zucchini waschen und grob raspeln. Geraspelte Zucchini mit Zwiebelstückchen, gehackter Petersilie, Käse, Ei und den Hafervollkornflocken mischen. Mit Salz und Pfeffer würzen.

2 Mischung kurz ziehen lassen, 24 Bällchen daraus formen und mit Haferflocken panieren. In einer beschichteten Pfanne 1 Esslöffel Olivenöl erhitzen und die Bällchen von allen Seiten anbraten.

3 Gemüsestücke, Petersilienblätter und Haferbällchen abwechselnd auf Spieße stecken.

■ **EMPFEHLUNG**
Hervorragend als Imbiss zum Mitnehmen zur Schule oder an den Arbeitsplatz geeignet.

■ **TIPP**
Dazu passt Karotten-Dip, Rezept Seite 33.

Vollwertgerichte 143

PHASE II

Gefüllte Champignons

Zutaten für 4 Personen

16 frische Riesen-Champignons, geputzt
60 g kernige Hafervollkornflocken
3 Tomaten, in Würfel geschnitten
1 Paprikaschote, in Würfel geschnitten
1 Zwiebel, fein gehackt
1 Knoblauchzehe, gehackt
75 g Greyerzer, gerieben
• Saft einer Zitrone
1 EL Olivenöl
• Thymian, Estragon
• Meersalz, Pfeffer, geriebene Muskatnuss

ZUBEREITUNGSZEIT: 20 Minuten
GARZEIT: 10 Minuten

1 Den Backofen auf 200 °C vorheizen.

2 Champignons mit Zitronensaft beträufeln und Stiele herausdrehen. Die Stiele würfeln und die Champignonköpfe mit der Öffnung nach oben in eine leicht eingeölte Auflaufform setzen.

3 Fein gehackte Zwiebel, Knoblauch und Hafervollkornflocken in einer antihaftbeschichteten Pfanne in 1 Esslöffel Olivenöl anbraten. Champignon-, Tomaten- und Paprikawürfel zufügen und bei schwacher Hitze kurz mitdünsten. Mit Thymian, Estragon, Meersalz, Pfeffer und Muskatnuss würzen.

4 Das gedünstete Gemüse in die Champignonköpfe geben und mit Käse bestreuen. Kurz im vorgeheizten Backofen überbacken, bis sich eine goldgelbe Kruste gebildet hat.

5 Gefüllte Champignons in der Auflaufform heiß servieren.

■ **EMPFEHLUNG**
Zu den gefüllten Champignons passt frischer Blatt- oder Rohkostsalat.

Vollwertgerichte

PHASE II

Gemüse-Bratlinge

ZUBEREITUNGSZEIT: 30 Minuten

Zutaten für 4 Personen

200 g Zucchini, geraspelt
300 g Karotten, geraspelt
4 Eier
80 g kernige Hafervollkornflocken
2 Frühlingszwiebeln, in Ringe geschnitten
1 **EL** Olivenöl
1/2 **Bund** Petersilie, fein gehackt
• Meersalz, Pfeffer

1 Eier in eine Schüssel geben und mit einem Handrührgerät oder Schneebesen schaumig schlagen. Die Eiermasse mit Meersalz und Pfeffer würzen.

2 Geraspelte Zucchini und Karotten, in Ringe geschnittene Frühlingszwiebeln, fein gehackte Petersilie und Hafervollkornflocken vorsichtig unter die Eiermasse mischen.

3 In einer antihaftbeschichteten Bratpfanne 1 Esslöffel Olivenöl erhitzen.

4 Jeweils 1–2 Esslöffel der Gemüse-Eier-Mischung in die Pfanne geben und die Bratlinge von beiden Seiten goldbraun backen.

5 Auf einer vorgewärmten Platte anrichten und sofort servieren.

■ **EMPFEHLUNG**
Zu den Gemüse-Bratlingen passt frischer Blattsalat oder Gemüsesticks mit Kräuter-Quarkcreme, Rezept Seite 21.

PHASE II

Gemüse-Lasagne

ZUBEREITUNGSZEIT: 20 Minuten
GARZEIT: 10 + 35 Minuten

Zutaten für 4 Personen

6 Vollkorn-Teigplatten für Lasagne
100 g Brokkoli, in Röschen geteilt
100 g Blumenkohl, in Röschen geteilt
100 g Champignons, in Scheiben geschnitten
1/2 Zucchini, halbiert und in Scheiben geschnitten
1 rote Paprikaschote, in Würfel geschnitten
1 Zwiebel, gehackt
3/4 l Gemüse-Cremesuppe, Rezept Seite 64
125 g teilentrahmter Mozzarella, gerieben
1 EL Olivenöl

1 Den Backofen auf 180 °C vorheizen.

2 In einem großen Topf Wasser erhitzen, leicht salzen und Teigplatten 8–10 Minuten in dem Salzwasser kochen. Über einem Sieb abgießen und abtropfen lassen.

3 Brokkoli- und Blumenkohlröschen, Champignonscheiben, Zucchini-, Zwiebelstücke und Paprikawürfel in einem Topf bei schwacher Hitze in Olivenöl 5 Minuten dünsten. Gemüse-Cremesuppe zufügen und gut unterrühren.

4 Etwas von dieser Gemüsesauce in eine Lasagneform gießen und 2 Teigplatten darauf legen. Zwei weitere Sauce-Lasagne-Schichten hineinfüllen, dabei etwas mehr Sauce verwenden. Mit einer Saucenschicht abschließen. Käse aufstreuen.

5 Lasagne etwa 35 Minuten backen, bis sich der Käse leicht bräunt.

Vollwertgerichte 149

PHASE II

Hirse-Gemüse-Salat

Zutaten für 4 Personen
250 g Hirse
1/2 l Wasser
1/2 TL Gemüsebrühe (Konzentrat)
1 große Tomate, in Würfel geschnitten
1/2 grüne Paprikaschote, in Würfel geschnitten
1/2 rote Paprikaschote, in Würfel geschnitten
1/4 Zucchini, in Würfel geschnitten
1 Knoblauchzehe, gepresst
50 ml frischer Zitronensaft
6 grüne Oliven, entsteint, in dünne Scheiben geschnitten
1 TL frisches Basilikum, fein gehackt
2 EL frische Petersilie, fein gehackt
3 EL frischer Schnittlauch, fein geschnitten
1 Prise Curry
• Meersalz, Pfeffer

ZUBEREITUNGSZEIT: 35 Minuten
KÜHLZEIT: 1–1 1/2 Stunden

1 Das Gemüsebrühekonzentrat mit 1/2 Liter Wasser in einen mittelgroßen Topf geben und zum Kochen bringen.

2 Die zuvor mit lauwarmem Wasser abgespülte Hirse hineingeben. Topf mit einem Deckel abdecken und Hirse bei schwacher Hitze circa 20 Minuten garen.

3 Kochtopf vom Herd nehmen und Hirse im geschlossenen Topf 10 Minuten ruhen lassen.

4 Gekochte Hirse in eine Salatschüssel geben, abkühlen lassen und 1–1 1/2 Stunden in den Kühlschrank stellen.

5 Anschließend Hirse mit einer Gabel lockern und klein geschnittene Paprika, Zucchini, Oliven, gepressten Knoblauch und Zitronensaft zufügen. Mit den fein gehackten Kräutern, Curry, Salz und Pfeffer würzen. Alle Zutaten gut miteinander vermengen und servieren.

Vollwertgerichte 151

PHASE I + II

Montignac-Pizza

Zutaten für 1 Backblech

Teig
150 g Weizenvollkornmehl
150 g Dinkelvollkornmehl
50 g Kleie
1 Ei
150–200 ml warmes Wasser
1/2 Würfel Hefe
1 EL Olivenöl
• Meersalz

Sauce
6 EL Tomatenmark
10 EL Wasser
1 Knoblauchzehe, gepresst
• Oregano

Belag nach Belieben
• Tomate, Paprika, Zwiebel, Lauch, Champignons,
Artischocken, magerer gekochter Schinken, Thunfisch, Lachs
1–2 EL Parmesan oder Greyerzer, frisch gerieben

ZUBEREITUNGSZEIT: 30 Minuten
GEHZEIT: 30 Minuten
BACKZEIT: 15–20 Minuten

1 Sämtliche Zutaten für den Pizzaboden von Hand oder mit der Küchenmaschine zu einem glatten Teig verarbeiten und 30 Minuten mit einem Küchentuch abgedeckt aufgehen lassen.

2 Den Backofen auf 220 °C vorheizen.

3 Pizzateig so dünn wie möglich ausrollen und auf ein großes rechteckiges mit Olivenöl leicht eingefettetes Backblech geben.

4 Tomatenmark, Wasser, Knoblauch und Oregano zu einer Sauce verrühren und auf dem Teigboden verteilen.

5 Pizza mit den gewünschten Zutaten belegen. (In **Phase I** empfiehlt es sich auf Käse zu verzichten oder nur sehr wenig lange gereiften Hartkäse, z. B. Parmesan zu verwenden.)

6 Pizza etwa 12 – 15 Minuten backen.

■ **TIPP**
Die Pizza lässt sich auch kalt als Imbiss mitnehmen.

Vollwertgerichte 153

PHASE I + II

Pilz-Risotto

Zutaten für 4 Personen

400 g Naturreis
350 g braune Champignons, in dünne Scheiben geschnitten
2 Zwiebeln, fein gehackt
2 Knoblauchzehen, fein gehackt
200 ml Wasser
500–600 ml Gemüsebrühe
100 g Chinakohl, in feine Streifen geschnitten
1 TL Olivenöl
2 Frühlingszwiebeln, in Ringe geschnitten
2 EL Petersilie, fein gehackt

ZUBEREITUNGSZEIT: 15 Minuten
GARZEIT für den Reis: 40 Minuten

1 In einem großen Topf 1 Esslöffel Olivenöl erhitzen und darin die fein gehackten Zwiebeln und den Knoblauch glasig dünsten.

2 Naturreis und in dünne Scheiben geschnittene Champignons zugeben. 200 ml Wasser hinzufügen und umrühren. Die Herdtemperatur reduzieren und die Flüssigkeit verdampfen lassen.

3 Vorher zubereitete Gemüsebrühe mehrmals angießen und regelmäßig umrühren. Nach etwa 30 Minuten den in Streifen geschnittenen Chinakohl dazugeben und weitere 10 Minuten garen.

4 Mit der fein gehackten Petersilie und den in Ringe geschnittenen Frühlingszwiebeln garnieren und servieren.

■ **EMPFEHLUNG**
Bereiten Sie als Beilage mit dem restlichen Kohl
Chinakohlsalat (ohne Walnüsse) zu, Rezept Seite 49.

■ **TIPP**
In **Phase II** können Sie noch 2 EL Sahne hinzufügen.

Vollwertgerichte 155

PHASE I + II

Reis-Linsen-Frikadellen

Zutaten für 3–4 Personen
100 g Naturreis (375 g gegart)
100 g braune Linsen (375 g gegart)
1 Stange Sellerie, in Würfel geschnitten
2 Frühlingszwiebeln, in Stücke geschnitten
2 Eiweiß
1 TL getrocknetes Bohnenkraut
• Meersalz, Pfeffer

ZUBEREITUNGSZEIT: 10 Minuten
GARZEIT: 35 + 20 Minuten

1 100 g Naturreis und 100 g braune Linsen mit ca. 500 ml Wasser in einen Topf geben und zum Kochen bringen. Bei niedriger Temperatur etwa 35 Minuten garen. Naturreis und Linsen abkühlen lassen.

2 Den Backofen auf 180 °C vorheizen.

3 Naturreis, Linsen, Selleriewürfel, in Stücke geschnittene Frühlingszwiebeln und getrocknetes Bohnenkraut in einer Schüssel miteinander vermengen. Mit Meersalz und Pfeffer würzen. Die Mischung in einen Mixer geben, Eiweiß zufügen und das Ganze 30 Sekunden grob zerkleinern. Es darf kein Püree werden.

4 Aus der Masse etwa 1 cm dicke Frikadellen formen. Ein Backblech mit Backpapier auslegen oder leicht mit Olivenöl einfetten. Die Reis-Linsen-Frikadellen auf das Backblech legen.

5 Backblech in den vorgeheizten Backofen schieben und 20 Minuten bei 180 °C backen.

■ **EMPFEHLUNG**
Zu den Reis-Linsen-Frikadellen passt Blattsalat mit Magerjoghurt-Dressing und Gemüse.

■ **TIPP**
Zur Abwechslung können auch andere Hülsenfrüchte, Gemüse und Kräuter verwendet werden.

PHASE II

Wraps mit Gemüsefüllung

Zutaten für 4 Personen

3 große Eier
200 g Weizenvollkornmehl
250 ml Mager- oder Sojamilch
2 Karotten, grob geraspelt
4 **Blätter** Chinakohl, in feine Streifen geschnitten
1 gelbe Paprikaschote, in Streifen geschnitten
1 Frühlingszwiebel, in Ringe geschnitten
50 g Naturjoghurt
1/2 **Bund** Schnittlauch
1 TL Olivenöl
• Meersalz, Pfeffer

ZUBEREITUNGSZEIT: 20 Minuten

1 Eier aufschlagen und in eine große Schüssel geben. Weizenvollkornmehl, Mager- oder Sojamilch und 1 Prise Meersalz dazugeben und mit dem Handrührgerät zu einem glatten Teig verarbeiten.

2 In einer antihaftbeschichteten Bratpfanne einige Tropfen Olivenöl erhitzen. Mit einem großen Löffel etwas Crêpe-Teig in die Pfanne geben und die Crêpes auf jeder Seite 1–2 Minuten goldbraun backen.

3 Grob geraspelte Karotten, in Streifen geschnittenen Chinakohl, Paprikastreifen und in Ringe geschnittene Frühlingszwiebel in eine Schüssel geben und vermengen.

4 Crêpes jeweils mit dem vorbereiteten Gemüse und Schnittlauch belegen. 1 Teelöffel Joghurt darüber geben. Crêpes an einer Seite leicht umklappen und zu Wraps fest aufrollen. Mit Schnittlauch zubinden.

■ **EMPFEHLUNG**
Wandeln Sie die Füllung nach Ihren bzw. den Wünschen Ihrer Familie und je nach Jahreszeit beliebig ab.

Vollwertgerichte

PHASE I + II

Tofu-Geschnetzeltes

Zutaten für 4 Personen

500 g Tofu, in dünne Streifen geschnitten
500 g Tomaten, in Achtel geschnitten
1 Zwiebel, in Ringe geschnitten
1 grüne Paprikaschote, in Streifen geschnitten
1 gelbe Paprikaschote, in Streifen geschnitten
1 Aubergine, in Würfel geschnitten
2 Knoblauchzehen, gepresst
125 ml Gemüsebrühe
6 EL Olivenöl
1 Bund frische Kräuter: Petersilie, Basilikum, Rosmarin, Thymian, fein gehackt
• Saft von 2 Zitronen
• Meersalz, Pfeffer

ZUBEREITUNGSZEIT: 20 Minuten
MARINIERZEIT: 1 Stunde
GARZEIT: 15 Minuten

1 Tofustreifen in eine flache Form geben. Aus gepresstem Knoblauch, Gemüsebrühe, Olivenöl, Zitronensaft und den gehackten Kräutern eine Marinade bereiten. Tofu damit übergießen und 1 Stunde marinieren.

2 Tofu in ein Sieb geben, abtropfen lassen und dabei die Marinade in einer Schüssel auffangen.

3 In einer antihaftbeschichteten Pfanne die Tofustreifen rundherum anbraten. Zwiebelringe und Paprikastreifen dazugeben und mitdünsten. Tomatenachtel, Auberginenwürfel und die Marinade hinzufügen und abgedeckt circa 5 Minuten schmoren.

4 Mit Salz und Pfeffer würzen und sofort servieren.

■ **EMPFEHLUNG**
Dazu passen frische Blatt- oder Rohkostsalate.

Vollwertgerichte

PHASE I + II

Vollkornspaghetti mit Zucchini

Zutaten für 4 Personen

500 g Zucchini, in Würfel geschnitten
400 g Vollkornspaghetti
250 g Magerquark
2 EL Basilikum, gehackt
2 TL Senf
• Saft einer Zitrone
• Meersalz, Pfeffer

ZUBEREITUNGSZEIT: 10 Minuten
GARZEIT: 15 Minuten

1 Die Zucchiniwürfel in einer großen antihaftbeschichteten Pfanne im Saft einer frisch gepressten Zitrone dünsten. Dabei die Pfanne mit einem Deckel verschließen. Mit Meersalz und Pfeffer würzen.

2 Magerquark, 2 Teelöffel Senf und gehacktes Basilikum in einem kleinen Topf erhitzen – nicht kochen.

3 In einem großen Topf reichlich Wasser zum Kochen bringen, leicht salzen. Vollkornspaghetti hineingeben und in circa 12 Minuten gar kochen. Die Vollkornspaghetti über einem Sieb abgießen und abtropfen lassen.

4 Spaghetti auf Tellern anrichten, mit den gedünsteten Zucchini umlegen, mit der Sauce überziehen und servieren.

■ **EMPFEHLUNG**
Probieren Sie zu Spaghetti oder Vollkornnudeln auch Feine Champignonsauce, Rezept Seite 39.

■ **TIPP**
Dieses Rezept kann ebenso mit anderem Gemüse wie Paprika, Tomaten oder Auberginen zubereitet werden.

Vollwertgerichte

Desserts

Sie bilden den krönenden Abschluss eines guten Essens.

PHASE II

Erdbeer-Joghurt-Creme

Zutaten für 3–4 Personen

250 g Erdbeeren, frisch oder tiefgekühlt
125 g Naturjoghurt
2 große Eiweiß
40 g Fruchtzucker
1 **EL** gemahlene Gelatine
2 – 3 **EL** Wasser oder Saft der aufgetauten Erdbeeren

ZUBEREITUNGSZEIT: 15 Minuten
KÜHLZEIT: 1 Stunde

1 In einem kleinen Topf Gelatine in Wasser oder Erdbeersaft streuen, umrühren und 5 Minuten quellen lassen. Danach bei niedriger Stufe leicht erhitzen, Gelatine unter Rühren auflösen.

2 Vier schöne Erdbeeren zum Garnieren zurückbehalten. Die Hälfte der Erdbeeren vierteln, den Rest pürieren. Pürierte Erdbeeren, Joghurt und Gelatine in einer Schüssel verrühren und mit den geviertelten Erdbeeren vermengen.

3 Eiweiß in einer Schüssel fast steif schlagen. Fruchtzucker zugeben und fertig schlagen.

4 Die Hälfte des Eischnees vorsichtig unter die Erdbeermischung heben, dann den restlichen Eischnee zufügen.

5 Die Erdbeer-Joghurt-Creme in 4 Schälchen verteilen und 1 Stunde in den Kühlschrank stellen. Vor dem Servieren mit je einer Erdbeere garnieren.

■ **TIPP**
Diese Joghurt-Creme kann auch mit Himbeeren, Brombeeren oder Heidelbeeren zubereitet werden.
Verwenden Sie das übrige Eigelb z. B. für Kabeljaufilet in Senfsauce, Rezept Seite 85 oder Himbeer-Sahne-Eis, Rezept Seite 171.

PHASE I + II

Fruchtkompott

ZUBEREITUNGSZEIT: 10 Minuten
GARZEIT: 10 Minuten

Zutaten für ca. 250 ml

2 rote Äpfel, geschält, in Stücke geschnitten
2 Birnen, geschält, in Stücke geschnitten
2 Pfirsiche, geschält, in Stücke geschnitten
2 Pflaumen, in Stücke geschnitten
• Zimt

1 Die in Stücke geschnittenen Äpfel, Birnen, Pfirsiche und Pflaumen in einen mittelgroßen Topf geben und erhitzen. Fruchtstücke bei schwacher Hitze 10 Minuten kochen, dabei ab und zu umrühren. Eventuell etwas Wasser hinzufügen.

2 Den Kochtopf von der Herdplatte nehmen. Zimt zu den Früchten geben und gut untermischen.

3 Das Fruchtkompott abkühlen lassen und eventuell in den Kühlschrank stellen.

EMPFEHLUNG
Kompott aus Früchten eignet sich zum Verfeinern von Naturjoghurt, Magerquark, Müsli und kann auch als Aufstrich auf Vollkornbrot bzw. Vollkornknäckebrot zum Frühstück gegessen werden.

TIPP
Fruchtkompott ist für **Phase I** geeignet.
Ein Fruchtkompott kann mit beliebigen Früchten oder auch nur mit einer Sorte zubereitet werden.

Desserts 167

PHASE I + II

Fruchtbombe

Zutaten für 4 Personen

400 g rote Früchte z.B. Erdbeeren, Himbeeren, Brombeeren, Heidelbeeren, frisch oder tiefgekühlt
300 ml roter Fruchtsaft oder Apfelsaft ohne Zucker
1 Päckchen gemahlene Gelatine oder Agar-Agar
2 EL Wasser

ZUBEREITUNGSZEIT: 15 Minuten
KÜHLZEIT: mind. 4 Stunden

1 In eine Tasse 2 Esslöffel kaltes Wasser geben, gemahlene Gelatine einstreuen, verrühren und quellen lassen.

2 Roten Fruchtsaft oder Apfelsaft in einem kleinen Topf erhitzen. Aufgequollene Gelatine zu dem Fruchtsaft geben und diese bei niedriger Temperatur darin auflösen.

3 Vorbereitete frische oder tiefgekühlte Früchte in eine Schüssel oder einzelne Schälchen geben und vorsichtig miteinander vermengen.

4 Die Saft-Gelatine-Mischung über die Früchte gießen und im Kühlschrank mindestens 4 Stunden fest werden lassen.

■ **EMPFEHLUNG**
Zu der Fruchtbombe kann entrahmter Joghurt mit gemahlener Vanille serviert werden –
in **Phase II** auch Naturjoghurt mit 3,5 % Fettgehalt.

■ **TIPP**
Dieses Dessert können Sie bereits in **Phase I** genießen.

PHASE I + II

Knusperäpfel

Zutaten für 9–10 Portionen
5 mittelgroße Äpfel
100 g kernige Hafervollkornflocken
1 EL Fruchtzucker
2 Eiweiß, steif geschlagen
1 TL gemahlener Zimt
• Öl zum Fetten des Backblechs

ZUBEREITUNGSZEIT: 15 Minuten
BACKZEIT: 30 Minuten

1 Den Backofen auf 180 °C vorheizen und ein Backblech leicht einölen.

2 Äpfel schälen, halbieren, entkernen und in dickere Scheiben schneiden. Apfelscheiben auf das Backblech legen und mit Zimt bestreuen.

3 Eier aufschlagen und trennen. Eiweiß in einem hohen Gefäß mit dem Handrührgerät steif schlagen. Die kernigen Hafervollkornflocken und den Fruchtzucker vorsichtig unterheben.

4 Die Eiweiß-Haferflocken-Mischung auf den Apfelscheiben gleichmäßig verteilen.

5 Backblech in den vorgeheizten Backofen schieben und die Äpfel bei 180 °C etwa 30 Minuten backen.

EMPFEHLUNG
Knusperäpfel eignen sich als Zwischenmahlzeit
oder Dessert bereits in **Phase I** nach einem Gericht ohne Fett.

Desserts

PHASE II

Himbeer-Sahne-Eis

ZUBEREITUNGSZEIT: 35 Minuten
GEFRIERZEIT: 3 Stunden

Zutaten für 4 Personen

200 g Himbeeren
50 g Himbeeren zum Garnieren
200 g Magerquark
2 Eigelb
1 EL Wasser
60 g Fruchtzucker
100 g Schlagsahne
• Minzeblätter zum Garnieren

1. 200 g Himbeeren im Mixer oder mit dem Stabmixer pürieren.

2. Eigelb, Fruchtzucker und 1 Esslöffel Wasser mit einem Schneebesen schaumig schlagen.

3. Den Quark mit dem Handrührgerät cremig rühren. Sahne steif schlagen. Himbeerpüree, Eigelb, Quark und Sahne vorsichtig vermischen.

4. Eismasse in tiefkühlgeeignete Schälchen geben und für 3 Stunden ins Gefrierfach stellen.

5. Vor dem Servieren kurz antauen lassen und mit Himbeeren und Minzeblättern garnieren.

TIPP
Ungekühlt kann dieses Dessert auch als Cremespeise sofort serviert werden.
Verwenden Sie das übrige Eiweiß z. B. für die Erdbeer-Joghurt-Creme, Rezept Seite 165 oder die Knusperäpfel, Rezept Seite 169.

PHASE II

Joghurt-Schokoladen-Eis

ZUBEREITUNGSZEIT: 10 Minuten
GEFRIERZEIT: mind. 8 Stunden

Zutaten für 4 Personen

100 g Schokolade, mind. 70 % Kakaogehalt
400 g Naturjoghurt
45 g Fruchtzucker
1 EL Wasser

1. Die Schokolade in kleine Stücke brechen und in einen kleinen Topf geben. 1 Esslöffel Wasser dazugeben und die Schokolade unter Rühren bei sehr niedriger Temperatur oder im Wasserbad schmelzen.

2. Naturjoghurt und Fruchtzucker in einer Schüssel gut verrühren, bis sich der Zucker aufgelöst hat.

3. Geschmolzene Schokolade unter ständigem Rühren nach und nach zu dem Naturjoghurt geben, bis eine gleichmäßige Masse entsteht.

4. In eine tiefkühlgeeignete Form oder in Stieleisförmchen füllen und mindestens 8 Stunden ins Gefrierfach stellen.

■ **EMPFEHLUNG**
Liebt Ihre Familie Softeis, zerkleinern Sie das gefrorene Eis im Mixer und heben ein steif geschlagenes Eiweiß darunter.

■ **TIPP**
Für Schoko-Nuss-Eis geben Sie 2–3 Esslöffel gemahlene Nüsse zur Joghurt-Schokoladen-Mischung.

Desserts 173

PHASE II

Pfirsich-Quarkcreme

ZUBEREITUNGSZEIT: 15 Minuten
KÜHLZEIT: 3 Stunden

Zutaten für 4 Personen

4 Pfirsiche
150 g Magerquark
100 g Sahne
• Saft einer halben Zitrone
2 EL Fruchtzucker
4 Blatt Gelatine

1 In einem Topf reichlich Wasser zum Kochen bringen. Die Pfirsiche 1 Minute in dem kochenden Wasser blanchieren. Früchte mit einem Schaumlöffel herausnehmen und gut abtropfen lassen. Anschließend die Pfirsiche häuten, halbieren und die Steine entfernen.

2 Pfirsichhälften mit frisch gepresstem Zitronensaft und Fruchtzucker mit dem Stabmixer in einem hohen Gefäß oder im Mixer pürieren.

3 Gelatine in kaltem Wasser einweichen. Anschließend Gelatine ausdrücken und mit 2 Esslöffeln Wasser in einen kleinen Topf geben und bei niedriger Temperatur oder im Wasserbad auflösen und sofort zum Pfirsichpüree geben.

4 Sahne steif schlagen. Den Quark mit dem Pfirsichpüree mischen und Sahne unterheben. Pfirsich-Quarkcreme in Schälchen füllen und 3 Stunden in den Kühlschrank stellen.

■ **TIPP**
Zur Abwechslung kann die Quarkcreme auch mit anderen Früchten, z. B. Aprikosen zubereitet werden.

PHASE II

Vanille-Pudding à la Montignac

ZUBEREITUNGSZEIT: 10 Minuten
GARZEIT: 1 Stunde

Zutaten für 4 Personen

2 große Eier
4 große Eigelb
40 g Fruchtzucker
1 Prise Meersalz
1/4 TL gemahlene Vanille
1/2 l Milch

1 Den Backofen auf 150 °C vorheizen.

2 Die Eier, den Fruchtzucker, Meersalz und gemahlene Vanille in eine Schüssel geben. Mit einem Handrührgerät oder dem Schneebesen miteinander verquirlen bis eine schaumige Masse entsteht.

3 Milch in einem Topf zum Kochen bringen. Danach die Milch unter ständigem Rühren zur Eiermasse geben.

4 Die Eier-Milch-Creme in 4 ofenfeste Auflaufförmchen füllen.

5 Wasser in ein hohes Backblech geben. Die Auflaufförmchen in das Wasser stellen und 1 Stunde im Backofen bei 150 °C in dem Wasserbad garen.

6 Vanille-Pudding warm oder gekühlt servieren.

■ **EMPFEHLUNG**
Servieren Sie den Pudding zur Abwechslung mit frischen Früchten oder Himbeersauce, Rezept Seite 25.

Desserts

PHASE II

Energieriegel

ZUBEREITUNGSZEIT: 15 Minuten
BACKZEIT: 20 Minuten

Zutaten für 12 Riegel

1/8 l Wasser
85 g Trockenpflaumen, in Würfel geschnitten
150 g kernige Hafervollkornflocken
30 g Sesam
50 g Mandeln, in kleine Stücke gehackt
40 g getrocknete Aprikosen, in kleine Stücke geschnitten
50 ml Sonnenblumenöl
2 Eiweiß

1. Den Backofen auf 180 °C vorheizen.

2. Wasser in einem Topf erhitzen. Pflaumenwürfel zufügen und etwa 3 Minuten sachte kochen lassen, bis keine Flüssigkeit mehr vorhanden ist. Ab und zu umrühren. Beiseite stellen.

3. Hafervollkornflocken, Sesam, Mandel- und Aprikosenstückchen in einer Schüssel miteinander vermengen. Öl, Eiweiß und die Pflaumenmasse zufügen. Gut umrühren.

4. Haferflocken-Fruchtmischung in eine rechteckige ofenfeste Form geben und gut festdrücken.

5. Im vorgeheizten Backofen 20 Minuten backen. Aus dem Ofen nehmen, in Riegel schneiden und abkühlen lassen.

■ **TIPP**
Energie- oder Müsliriegel können aus verschiedenen Getreidevollkornflocken, z. B. mit der Power-Müsli-Mischung, Rezept Seite 15 zubereitet werden.

Gebäck 179

PHASE II

Apfel-Aprikosen-Muffins

Zutaten für 12 Muffins

100 g kernige Hafervollkornflocken
100 ml lauwarmes Wasser
1 großes Ei
250 g Naturjoghurt
100 g getrocknete Aprikosen, in kleine Stücke geschnitten
200 g Vollkornmehl (Weizen oder Dinkel)
40 g Fruchtzucker
1 Apfel, in kleine Stücke geschnitten
1 EL Olivenöl
1 TL Natron
1 kleine Prise Meersalz
3 TL Zimt

ZUBEREITUNGSZEIT: 15 Minuten
BACKZEIT: 15–20 Minuten

1 Den Backofen auf 200 °C vorheizen.

2 Die Hafervollkornflocken in einer Schüssel mit dem lauwarmen Wasser übergießen. Beiseite stellen.

3 Das Ei, den Joghurt und 1 Esslöffel Olivenöl im Mixer oder mit dem Handrührgerät verquirlen. Anschließend die Haferflocken und Aprikosenstücke zufügen. Vollkornmehl, Fruchtzucker, Natron, Salz und Zimt dazugeben und untermischen, bis eine gleichmäßige Masse entsteht. Die Apfelstücke locker unterheben.

4 Den Teig in 12 zuvor leicht mit Olivenöl eingefettete Muffin-Formen füllen, in den Backofen schieben und 15–20 Minuten bei 200 °C backen.

5 Muffins sofort aus der Form lösen und auf einem Kuchengitter abkühlen lassen.

■ **TIPP**
Die Muffins können auch mit anderen frischen Früchten wie Aprikosen, Birnen oder Heidelbeeren gebacken werden.

PHASE II

Apfelkuchen

Zutaten für einen Kuchen (26–28 cm ⌀)
Teig
150 g Vollkornmehl (Dinkel oder Weizen)
1/4 Würfel frische Hefe (10 g)
50 ml entrahmte lauwarme Milch
1 Ei
1 EL Fruchtzucker
1 EL Sonnenblumenöl
1 kleine Prise Meersalz

Belag
2–3 Äpfel
• Zimt

ZUBEREITUNGSZEIT: 15 Minuten
GEHZEIT: 25 Minuten
BACKZEIT: 20–25 Minuten

1 Den Backofen auf 180 °C vorheizen.

2 Das Vollkornmehl in eine Schüssel geben, zerbröckelte Hefe, Fruchtzucker, lauwarme Milch sowie Ei hinzufügen und miteinander verkneten. Meersalz und 1 Esslöffel Sonnenblumenöl zugeben und zu einem glatten Teig verarbeiten.

3 Den Hefeteig mit einem Küchentuch abdecken und etwa 25 Minuten aufgehen lassen.

4 Eine Kuchenform (26–28 cm Durchmesser) mit etwas Sonnenblumenöl leicht einfetten. Den Teig sehr dünn ausrollen und damit den Boden der Form auslegen.

5 Äpfel schälen und in dünne Scheiben schneiden. Hefeteig mit den Apfelscheiben belegen. In den vorgeheizten Backofen schieben und 20–25 Minuten bei 180 °C backen.

6 Mit Zimt bestreuen. Sofort oder abgekühlt servieren.

■ **TIPP**
Der Teig kann statt mit Äpfeln auch mit halbierten oder geviertelten entsteinten Pflaumen belegt werden.

Gebäck

PHASE II

Erdbeer-Käse-Sahnetorte

**Zutaten für eine Torte
(20–22 cm ⌀)**

Boden
2 Eier
50 g Fruchtzucker
50 g Weizen- oder
Dinkelvollkornmehl

Belag
400 g Erdbeeren, entstielt
• Saft einer halben Zitrone
1 Päckchen Gelatine
4 EL kaltes Wasser
500 g Magerquark
75 g Fruchtzucker
100 g Schlagsahne
• Erdbeeren zum Garnieren

ZUBEREITUNGSZEIT: 10 + 15 Minuten
BACKZEIT: 20–25 Minuten
KÜHLZEIT: mind. 3 Stunden

1 Den Backofen auf 160 °C vorheizen.

2 Eier und Fruchtzucker cremig schlagen. Vollkornmehl vorsichtig unterheben. Den Teig in eine mit Backpapier ausgelegte Springform (20–22 cm Durchmesser) geben und 20–25 Minuten backen. Aus der Form lösen und abkühlen lassen.

3 Gelatine in einer Tasse mit dem Wasser verrühren, quellen lassen. 150 g Erdbeeren mit Zitronensaft pürieren, restliche Erdbeeren vierteln. Sahne steif schlagen und beiseite stellen. Quark und Fruchtzucker mit dem Schneebesen cremig schlagen. Tortenboden in einen Tortenring auf eine Kuchenplatte legen.

4 Aufgequollene Gelatine in einem Topf bei geringer Hitze auflösen. Pürierte Erdbeeren und aufgelöste Gelatine zur Quarkmasse geben und verrühren. Geviertelte Erdbeeren und Sahne unterheben. Die Masse sofort auf den Boden geben und glatt streichen.

5 Im Kühlschrank mindestens 3 Stunden kühlen.

6 Tortenring lösen und mit Erdbeeren garnieren.

■ **TIPP**
Die Torte kann mit anderen Beeren oder Früchten zubereitet werden –
auch mit tiefgekühlten. Die Gelatine muss jedoch schnell verarbeitet werden,
damit die Masse nicht zu früh geliert.

Gebäck 183

PHASE II

Fruchtige Erdbeertorte

Zutaten für eine Torte (20–22 cm ⌀)

Boden
2 Eier
1 EL Fruchtzucker
50 g Weizen- oder Dinkelvollkornmehl

Belag
400 g Erdbeeren, entstielt, halbiert
2 EL Erdbeer-Fruchtaufstrich oder Magerquark
- evtl. einige Minzeblätter zum Garnieren

ZUBEREITUNGSZEIT: 25 Minuten
BACKZEIT: 20–25 Minuten

1 Den Backofen auf 160 °C vorheizen.

2 Die Eier und den Fruchtzucker in eine Rührschüssel geben. Mit dem Schneebesen oder einem Handrührgerät schaumig schlagen, bis eine cremige Masse entsteht. Anschließend das Vollkornmehl dazugeben und locker untermischen.

3 Den Teig in eine mit Backpapier ausgelegte Springform (20–22 cm Durchmesser) geben. Backform in den vorgeheizten Ofen schieben und 20–25 Minuten bei 160 °C backen.

4 Tortenboden aus der Springform lösen und auf einem Kuchengitter abkühlen lassen.

5 Den Boden auf eine Tortenplatte legen und mit 2 Esslöffeln Erdbeer-Fruchtaufstrich (Rezept Seite 22), oder 2 Esslöffeln Magerquark bestreichen und mit den halbierten Erdbeeren belegen.

6 Erdbeertorte mit Minzeblättern garnieren.

■ **TIPP**
Je nach Saison kann die Obsttorte mit anderen Früchten wie Himbeeren, Brombeeren oder Heidelbeeren zubereitet werden.

PHASE II

Schokoladenkuchen

Zutaten für einen Kuchen (20–22 cm ⌀)
200 g Schokolade, 70 % Kakaogehalt
4 Eier
75 ml Wasser
1 kleine Prise Meersalz

ZUBEREITUNGSZEIT: 15 Minuten
BACKZEIT: 8 Minuten

1 Den Backofen auf 250 °C vorheizen.

2 Schokolade in Stücke brechen und mit 75 ml Wasser in einen kleinen Kochtopf geben. Bei niedriger Temperatur Schokoladenstücke auf dem Herd oder im Wasserbad schmelzen und cremig rühren. Topf beiseite stellen.

3 Die Eier aufschlagen und das Eiweiß vom Eigelb trennen. Das Eiweiß und eine Prise Salz mit dem Schneebesen oder einem Handrührgerät sehr steif schlagen.

4 Geschmolzene Schokolade zum Eigelb geben und cremig rühren. Die Schokoladen-Masse vorsichtig unter das geschlagene Eiweiß heben, bis eine gleichmäßige Masse entsteht.

5 Die Schokoladen-Masse in eine gefettete oder mit Backpapier ausgelegte ofenfeste Form (20–22 cm Durchmesser) geben.

6 Im vorgeheizten Ofen 8 Minuten bei 250 °C backen, damit der Kuchen innen weich bleibt.

■ **TIPP**
Zur Abwechslung kann der Kuchen mit 70 %iger Schokolade überzogen und mit Pinienkernen oder Walnüssen garniert werden.

PHASE II

Vollkorn-Gugelhupf

ZUBEREITUNGSZEIT: 10 Minuten
GEHZEIT: 30–40 Minuten
BACKZEIT: ca. 40 Minuten

Zutaten für einen Gugelhupf (18 cm ⌀)

250 g Vollkornmehl (Dinkel oder Weizen)
1/2 Würfel Hefe
40 g Fruchtzucker
150 ml lauwarmes Wasser oder Magermilch
40 g Butter, in kleine Stücke geschnitten
1 Ei
50 g Sultaninen
• Saft einer halben Zitrone
• Sonnenblumenöl zum Einfetten der Form

1 Die Sultaninen in eine Schüssel geben, mit heißem Wasser übergießen und einweichen.

2 Mehl, zerbröckelte Hefe, Fruchtzucker und Wasser in eine Rührschüssel geben und zu einem glatten Teig verarbeiten. Butter, Ei und frisch gepressten Zitronensaft unterrühren.

3 Sultaninen über einem Sieb abgießen und gut abtropfen lassen.

4 Eine Gugelhupf-Form mit etwas Sonnenblumenöl einfetten. Die Sultaninen zu dem Teig geben und unterheben. Hefeteig in die Backform füllen. Mit einem Küchentuch abdecken und 30–40 Minuten aufgehen lassen. Den Backofen auf 170 °C vorheizen.

5 Backform in den Ofen schieben und Kuchen ca. 40 Minuten backen. Gugelhupf aus der Form lösen und auf einem Kuchengitter abkühlen lassen.

Gebäck 187

Stichwortregister

Apfel
Fruchtkompott 167
Knusperäpfel 169
Apfel-Aprikosen-Muffins 180
Apfelkuchen 181
Apfel-Zimt-Grütze 16
Aprikosen, getrocknet
Apfel-Aprikosen-Muffins 180
Energieriegel 179
Auberginen
Bulgur mit Gemüse 137
Ratatouille 133
Tofu-Geschnetzeltes 159

Ballaststoffe 8
Basilikum-Pesto 35
Basmatireis
Gefüllte Paprika 97
Bauernsalat 45
Birnen
Fruchtkompott 167
Blumenkohl
Bauernsalat 45
Gemüse-Lasagne 149
Blumenkohl-Brokkoli-Auflauf 123
Bohnen, grüne
Bauernsalat 45
Hackfleischpfanne mit
grünen Bohnen 102
Bohnen, rote
Hülsenfrüchte-Salat 47
Brokkoli
Blumenkohl-Brokkoli-Auflauf 123
Gemüse-Lasagne 149
Brot, *siehe* Joghurt-Vollwertbrot
Brotaufstrich
Erdbeer-Fruchtaufstrich 22
Kräuter-Quarkcreme 21
Vegetarischer Brotaufstrich 20
Brötchen, *siehe* Vollkornbrötchen
Bulgur mit Gemüse 137
Bunte Würstchen-Spieße 93
Bunter Frischkäse-Dip 30
Bunter Nudelsalat 139
Bunter Salat mit Ei 46

Champignons
Crêpes mit Champignonfüllung 141
Feine Champignonsauce 39
Gefüllte Champignons 145
Gemüse-Lasagne 149

Lachsstreifen mit
Champignon-Sahnesauce 89
Montignac-Pizza 153
Pilz-Risotto 155
Puten-Roulade »Cordon bleu« 121
Schnitzel auf Champignons 105
Thunfisch-Champignon-Salat 54
Chinakohl
Eierblumen-Suppe 59
Geflügel-Spieße orientalisch 111
Pilz-Risotto 155
Wraps mit Gemüsefüllung 157
Chinakohl mit Knusperkruste 142
Chinakohlsalat mit Walnüssen 49
Cocktailtomaten
Bunter Nudelsalat 139
Gemüse-Spieße 127
Crêpes mit Champignonfüllung 141

Deftige Erbsensuppe 61
Desserts, *siehe* 165 ff.
Dips, *siehe* 30 ff.
Bunter Frischkäse-Dip 30
Frischer Karotten-Dip 33

Eier, *siehe* Eierspeisen 71 ff.
Bauernsalat 45
Blumenkohl-Brokkoli-Auflauf 123
Bunter Salat mit Ei 46
Crêpes mit Champignonfüllung 141
Gemüse-Bratlinge 146
Vanille-Pudding à la Montignac 177
Wraps mit Gemüsefüllung 157
Zucchini-Tomaten-Gratin 79
Eierblumen-Suppe 59
Eis
Himbeer-Sahne-Eis 171
Joghurt-Schokoladen-Eis 173
Eisbergsalat
Thunfisch-Champignon-Salat 54
Energieriegel 179
Erbsen
Deftige Erbsensuppe 61
Frühlingssuppe 63
Puten-Geschnetzeltes mit
grünen Erbsen 119
Erbsen-Omelette überbacken 78
Erdbeeren
Fruchtige Erdbeertorte 184
Erdbeer-Fruchtaufstrich 22
Erdbeer-Joghurt-Creme 165

Erdbeer-Käse-Sahnetorte 183
Erdbeer-Milchshake 24

Feine Champignonsauce 39
Feldsalat mit Sonnenblumenkernen 51
Fenchel gefüllt 125
Fisch, *siehe* 81 ff.
Fischfrikadellen 86
Fleisch, *siehe* 93 ff.
Fleisch-Gemüse-Pfanne 95
Forelle mit Gemüsefüllung 83
Frikadellen
Fischfrikadellen 86
Hamburger 101
Reis-Linsen-Frikadellen 156
Frischer Karotten-Dip 33
Frischkäse
Bunter Frischkäse-Dip 30
Kräuter-Quarkcreme 21
Fruchtaufstrich 22
Fruchtbombe 168
Fruchtige Erdbeertorte 184
Fruchtige Paprikasauce 41
Fruchtkompott 167
Frühlingssuppe 63
Frühstück 9, 15 ff.

Gebäck, *siehe* 179 ff.
Geflügel, *siehe* 81 ff.
Geflügel-Spieße orientalisch 111
Gefüllte Champignons 145
Gefüllte Paprika 97
Gemüse, *siehe* Gemüsegerichte 123 ff.
Bulgur mit Gemüse 137
Fleisch-Gemüse-Pfanne 95
Frühlingssuppe 63
Hirse-Gemüse-Salat 151
Ratatouille 133
Wraps mit Gemüsefüllung 157
Gemüse-Bratlinge 146
Gemüse-Cremesuppe 64
Gemüse-Lasagne 149
Gemüse-Spieße 127
Gemüse-Spieße mit Haferbällchen 143
Gemüsetorte 73
Getränke 10
Erdbeer-Milchshake 24
Getreide
Apfel-Zimt-Grütze 16
Bulgur mit Gemüse 137
Hirse-Gemüse-Salat 151

Power-Müsli 15
Gugelhupf
   Vollkorn-Gugelhupf 187
Gurken
   Bunte Würstchen-Spieße 93
   Bunter Salat mit Ei 46
   Gemüse-Spieße mit Haferbällchen 143

Hackfleisch
   Gefüllte Paprika 97
   Hamburger 101
   Pikanter Hackbraten 103
Hackfleischpfanne mit
grünen Bohnen 102
Hackterrine mit Spinatfüllung 99
Hafervollkornflocken
   Apfel-Aprikosen-Muffins 180
   Apfel-Zimt-Grütze 16
   Chinakohl mit Knusperkruste 142
   Gemüse-Bratlinge 146
   Gemüse-Spieße mit Haferbällchen 143
   Joghurt-Vollwertbrot 17
   Knusperäpfel 169
Hähnchen-Kichererbsen-Topf 109
Hamburger 101
Herzhaftes Putengulasch 117
Himbeeren
   Joghurt mit Himbeersauce 25
Himbeer-Sahne-Eis 171
Hirse-Gemüse-Salat 151
Hühnerbrustfilet auf Spinat 112
Hühnerbrustfilet in Tomatensauce 113
Hühnerbrust-Roulade mit
Gemüsefüllung 115
Hülsenfrüchte-Salat 47

Italienische Tomatensauce 42

Joghurt
   Erdbeer-Joghurt-Creme 165
   Tomaten-Cocktailsauce 37
Joghurt mit Himbeersauce 25
Joghurt-Schokoladen-Eis 173
Joghurt-Vollwertbrot 17

Kabeljaufilet in Senfsauce 85
Karotten
   Frischer Karotten-Dip 33
   Gemüse-Bratlinge 146
Käse
   Puten-Roulade »Cordon bleu« 121
   Schweinemedaillons in Käse-Kruste 107

Tomatensalat italienisch 53
Kichererbsen
   Hähnchen-Kichererbsen-Topf 109
   Hülsenfrüchte-Salat 47
   Vegetarischer Brotaufstrich 20
Knackiger Rosenkohl 134
Knusperäpfel 169
Knusper-Seelachs 87
Kohlgemüse-Pfanne 129
Kohlrabi-Auflauf 130
Kohlrabi-Cremesuppe 65
Kräuter
   Bunter Frischkäse-Dip 30
Kräuter-Omelette mit Speck 71
Kräuter-Quarkcreme 21
Kuchen, *siehe* 179 ff.

Lachsfilet mit frischer
Petersiliensauce 81
Lachsstreifen mit
Champignon-Sahnesauce 89
Lasagne
   Gemüse-Lasagne 149
Lauch
   Kohlrabi-Cremesuppe 65
Lauchfisch 90
Lauchgratin 131
Linsen
   Hülsenfrüchte-Salat 47
   Reis-Linsen-Frikadellen 156
   Tomaten-Linsen-Suppe 67

Mandeln
   Energieriegel 179
Milch 9 ff.
   Erdbeer-Milchshake 24
   Vanille-Pudding à la Montignac 177
Montignac-Methode 8 f.
Montignac-Pizza 153
Mozzarella
   Gemüse-Lasagne 149
   Tomatensalat italienisch 53
Muffins
   Apfel-Aprikosen-Muffins 180
Müsli
   Energieriegel 179
   Power-Müsli 15

Nachspeisen 10, *siehe* 165 ff.
Naturreis, *siehe* Reis
Nudeln, *siehe auch* Vollkornspaghetti

Bunter Nudelsalat 139

Obst
   Fruchtbombe 168
   Fruchtkompott 167
   Pfirsich-Quarkcreme 174
Oliven
   Hirse-Gemüse-Salat 151

Paprika
   Bunter Frischkäse-Dip 30
   Bunter Nudelsalat 139
   Fruchtige Paprikasauce 41
   Gemüse-Spieße 127
   Hirse-Gemüse-Salat 151
   Montignac-Pizza 153
   Ratatouille 133
   Rotbarsch auf Gemüsebett 91
   Tofu-Geschnetzeltes 159
   Vegetarischer Brotaufstrich 20
Paprika-Eier-Pfanne 75
Pesto
   Basilikum-Pesto 35
Pfirsiche
   Fruchtkompott 167
Pfirsich-Quarkcreme 174
Pflaumen
   Fruchtkompott 167
Pflaumen, getrocknet
   Energieriegel 179
Phase I/Phase II 8 f.
Pikanter Hackbraten 103
Pilze, *siehe auch* Champignons
   Kohlrabi-Cremesuppe 65
Pilz-Risotto 155
Pizza
   Montignac-Pizza 153
Power-Müsli 15
Pudding
   Vanille-Pudding à la Montignac 177
Pute
   Herzhaftes Putengulasch 117
Puten-Geschnetzeltes mit
grünen Erbsen 119
Puten-Roulade »Cordon bleu« 121

Quark
   Erdbeer-Käse-Sahnetorte 183
   Kräuter-Quarkcreme 21
   Pfirsich-Quarkcreme 174
Ratatouille 133

Reis
Gefüllte Paprika 97
Reis-Linsen-Frikadellen 156
Rosenkohl
Knackiger Rosenkohl 134
Rotbarsch auf Gemüsebett 91

Salate, *siehe* 45 ff.
Saucen, *siehe* 37 ff.
Schinken
Lauchgratin 131
Paprika-Eier-Pfanne 75
Puten-Roulade »Cordon bleu« 121
Weißkohlsalat mit Schinkenwürfel 57
Schnelle Spinat-Quiche 76
Schnitzel auf Champignons 105
Schokolade 10
Joghurt-Schokoladen-Eis 173
Schokoladenkuchen 185
Schweinemedaillons in Käse-Kruste 107
Seelachs
Knusper-Seelachs 87
Sellerie
Deftige Erbsensuppe 61
Gemüse-Cremesuppe 64
Italienische Tomatensauce 42
Reis-Linsen-Frikadellen 156
Rotbarsch auf Gemüsebett 91
Tomaten-Cremesuppe 69
Tomaten-Linsen-Suppe 67
Sesam
Energieriegel 179
Knusper-Seelachs 87
Spaghetti, *siehe* Vollkornspaghetti
Speck
Kräuter-Omelette mit Speck 71
Spinat
Hackterrine mit Spinatfüllung 99
Hühnerbrustfilet auf Spinat 112
Schnelle Spinat-Quiche 76
Suppen, *siehe* 59 ff.

Thunfisch
Montignac-Pizza 153
Thunfisch-Champignon-Salat 54
Tofu-Geschnetzeltes 159
Tomaten
Hähnchen-Kichererbsen-Topf 109
Hühnerbrustfilet in Tomatensauce 113
Italienische Tomatensauce 42
Montignac-Pizza 153

Ratatouille 133
Tofu-Geschnetzeltes 159
Tomaten-Cocktailsauce 37
Tomaten-Cremesuppe 69
Tomaten-Linsen-Suppe 67
Tomatensalat italienisch 53

Vanille-Pudding à la Montignac 177
Vegetarischer Brotaufstrich 20
Vollkornbrötchen 19
Vollkornflocken, *siehe auch*
Hafervollkornflocken
Energieriegel 179
Gefüllte Champignons 145
Knusper-Seelachs 87
Pikanter Hackbraten 103
Power-Müsli 15
Vollkorn-Gugelhupf 187
Vollkornspaghetti mit Zucchini 161
Vollwertgerichte, *siehe* 137 ff.

Walnüsse
Chinakohlsalat mit Walnüssen 49
Weißkohl
Kohlgemüse-Pfanne 129
Weißkohlsalat mit Schinkenwürfel 57
Wraps mit Gemüsefüllung 157
Würstchen
Bunte Würstchen-Spieße 93

Zucchini
Bulgur mit Gemüse 137
Bunter Nudelsalat 139
Fleisch-Gemüse-Pfanne 95
Gemüse-Bratlinge 146
Gemüse-Spieße 127
Gemüse-Spieße mit Haferbällchen 143
Gemüsetorte 73
Herzhaftes Putengulasch 117
Ratatouille 133
Vollkornspaghetti mit Zucchini 161
Zucchini in Sahnesauce 135
Zucchini-Tomaten-Gratin 79
Zuckererbsenschoten
Fleisch-Gemüse-Pfanne 95
Zwischenmahlzeit 9
Dips & Saucen 30 ff.
Erdbeer-Milchshake 24
Fruchtkompott 167
Joghurt mit Himbeersauce 25
Knusperäpfel 169

Bildnachweis

Dominik Kiefer 180, 182
Ehret/Strzeletz 16–17, 21–25, 28–37, 40/41,
44/45, 48–63, 66–78, 84/85, 88/89, 92–97,
104/105, 108/109, 118/119, 122–125, 128,
129, 134–135, 140/141, 152, 158/159,
164/165, 169–171, 176/177, 186/187
Euryza/reis-fit® 91, 102
Food Professionals/Ruhrgas AG 116/117
Fuchs 46
Hutschenreuther, Rosenthal AG
Phillip-Rosenthal-Platz, 95100 Selb
12/13, 26/27, 162/163
Laurence Vidal 20, 47, 90, 112, 113, 131,
168, 181, 184, 185
Peter Kölln KGaA 14/15, 18/19, 38/39, 65,
103, 142–149, 156, 174/175, 178/179
Biskin® 80/81, 87 Livio® 136/137
Sopexa
Europäischer Chicorée 42/43, 154/155,
157 Käse aus Frankreich 64, 79
Sommerobst aus Frankreich 166/167
TVA PUBLICATIONS © Maryse Raymond
82/83, 98/99, 100/101, 138/139, 172/173
Vier a Studio 106/107, 130
Ydo Sol Photodesign 86, 110/111,
114/115, 120/121, 126/127, 132/133,
150/151, 160/161

Artulen Verlag
Bücher zur Montignac-Methode

Michel Montignac
Die neue Trendkost
mit glycaemic load
Essen Sie sich schlank!
Die Ernährungsrevolution des 21. Jahrhunderts. Kein Kalorienzählen – kein Hungergefühl – kein JoJo-Effekt.
Für alle die genießen und dennoch abnehmen wollen.

160 Seiten, mit zahlr. Tabellen und Grafiken, 4-farbig
(D) € 14,80 (A) € 15,30 sFr 25,80
ISBN 3-930989-12-3

Michel Montignac
Die Montignac-Methode
... essen und dabei abnehmen
Eine einzigartige Hoffnung für alle, die mit Langzeiterfolg abnehmen wollen. Wissenschaftliche Studien belegen, dass dies durch eine einfache Ernährungsumstellung nach dem glykämischen Index möglich ist.
224 Seiten, mit zahlr. Tabellen und Grafiken
(D) € 14,80 (A) € 15,30 sFr 25,80
ISBN 3-930989-11-5

Michel Montignac
Ich esse, um abzunehmen nach dem GLYX
Die Montignac-Methode für die Frau
Der Autor erweitert in diesem Buch seine Ernährungsprinzipien insbesondere auf die Bedürfnisse der Frau.
328 Seiten, 4-farbig
(D) € 16,80 (A) € 17,30 sFr 28,80
ISBN 3-930989-17-4

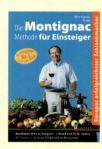

Michel Montignac
Die Montignac-Methode für Einsteiger
Abnehmen ohne zu hungern
Schlank & fit für immer
In diesem Buch finden Sie alle wesentlichen Elemente der Methode in knapper, klarer und übersichtlicher Form. Überzeugen Sie sich von der Wirksamkeit der Methode.
160 Seiten, mit zahlr. Tabellen und Grafiken
(D) € 12,80 (A) € 13.20 sFr 21,80
ISBN 3-930989-13-0

www.montignac.de

Michel Montignac
Montignac macht Kinder schlank
Wollen Sie Ihr Kind vor Übergewicht schützen oder beim Abnehmen unterstützen?
Hier finden Sie die Lösung!
Das Extraheft begleitet Ihr Kind bei der Ernährungsumstellung und führt mit Tipps, Rätseln und Rezeptideen spielerisch an eine schlanke Ernährungsweise heran.
komplett 4-farbig mit zahlr. Tabellen und Grafiken
(D) € 19,80 (A) € 20,40 sFr 34,00
ISBN 3-930989-18-2

Internationale Ausgaben sind in folgenden Ländern erschienen:

- Argentinien
- Brasilien
- Bulgarien
- Dänemark
- Finnland
- Frankreich
- Großbritannien
- Israel
- Italien
- Kanada
- Kroatien
- Litauen
- Niederlande
- Norwegen
- Polen
- Portugal
- Rumänien
- Russland
- Schweiz
- Schweden
- Slowenien
- Spanien
- Tschechien
- Türkei
- USA

Europas erfolgreichster Schlankmacher

Artulen Verlag
Rezept-Bücher nach der Montignac-Methode

Gabriele Lehner
Satt & Schlank
Die deutsche Küche
nach der Montignac-Methode
200 wohlschmeckende Rezepte, für jeden Anlass, einfach und schnell zubereitet, mit gängigen Zutaten.
244 Seiten, mit Farbabbildungen
(D) € 17,80 (A) € 18,30 sFr 29,80
ISBN 3-930989-10-7

Ria Tummers
Schlank & Schnell
Die schnelle Küche
nach der Montignac-Methode
Über 150 Rezepte, mit denen Sie im Handumdrehen große und kleine Menüs zusammenstellen können. Auch Ihre Gäste werden von Ihrer neuen »Diät« begeistert sein.
Menüplan für 6 Wochen
230 Seiten, mit Farbabbildungen
(D) € 17,80 (A) € 18,30 sFr 29,80
ISBN 3-930989-06-9

Michel Montignac
Kochen, essen
und dabei abnehmen Band 1
Ein Rezeptbuch der besonderen Art, alle Rezepte sind auf die von Michel Montignac begründete und nach ihm benannte Montignac-Methode abgestimmt.
Menüplan für 3 Monate
195 Seiten, mit Farbabbildungen
(D) € 17,80 (A) € 18,30 sFr 29,80
ISBN 3-930989-15-8

Michel Montignac
Kochen, essen
und dabei abnehmen Band 2
»Kochen, essen und dabei abnehmen Band 1« wurde zu einem Bestseller. Dieser zweite Band ist eine Fortsetzung der erfolgreichen »Schlankküche« Michel Montignacs.
Menüplan für 15 Wochen
213 Seiten, mit Farbabbildungen
(D) € 17,80 (A) € 18,30 sFr 29,80
ISBN 3-930989-16-6

Europas erfolgreichster Schlankmacher

Mehr als 16 Millionen verkaufte Bücher allein in Europa

Michel Montignac
Montignac Rezepte und Menüs
Die feine Küche
nach der Montignac-Methode
Ein Rezeptbuch, das auf die genussreiche Kochkunst Wert legt und auch die Gesundheit mit einbezieht.
Menüplan für 3 Monate
291 Seiten, mit Farbabbildungen
(D) € 17,80 (A) € 18,30 sFr 29,80
ISBN 3-930989-00-X

ARTULEN VERLAG GmbH
Luisenstraße 4
D-77654 Offenburg
Tel.: 0049(0)781-9481883
Fax: 0049(0)781-9481782
E-Mail: post@artulen-verlag.de

www.montignac.de